新教育文库
蒲公英书系

教师的天命在教室

郭明晓 著

海峡出版发行集团 | 福建教育出版社

图书在版编目(CIP)数据

教师的天命在教室/郭明晓著. —福州:福建教育出版社,2019.5
（新教育文库. 蒲公英书系）
ISBN 978-7-5334-8195-7

Ⅰ.①教⋯　Ⅱ.①郭⋯　Ⅲ.①小学教育－文集　Ⅳ.①G62-53

中国版本图书馆 CIP 数据核字(2018)第 168431 号

新教育文库·蒲公英书系
Jiaoshi de Tianming Zai Jiaoshi

教师的天命在教室

郭明晓　著

出版发行	福建教育出版社
	（福州市梦山路 27 号　邮编：350025　网址：www.fep.com.cn）
	编辑部电话：0591－83726908
	发行部电话：0591－83721876　87115073　010－62027445）
出 版 人	江金辉
印　　刷	福建省地质印刷厂
	（福州市金山工业区　邮编：350011）
开　　本	710 毫米×1000 毫米　1/16
印　　张	9.5
字　　数	141 千字
插　　页	1
版　　次	2019 年 5 月第 1 版　2019 年 5 月第 1 次印刷
书　　号	ISBN 978-7-5334-8195-7
定　　价	25.00 元

如发现本书印装质量问题，请向本社出版科（电话：0591－83726019）调换。

总　序

教育实验是一项细致而长久的工程，需要通过一代人去影响另一代人，不能急于求成，不能固步自封，一定要学会等待，一定要耐得住寂寞。

新教育实验更不例外。

中国教育有许多弊端，但仅仅是怒目金刚式的斥责和鞭挞，虽然痛快却无济于事。对于中国教育而言，最需要的是行动与建设，只有行动与建设，才是真正深刻而富有颠覆性的批判与重构。

新教育实验就是寓重构于行动之中，寓批判于建设之中。

新教育要做的，就是给教师和学生一种幸福完整的教育生活，一个开阔无垠的精神视野，让他们对人的内心的复杂性有更为深切的体验，不但要了解生命的伟大和宇宙的博大，而且要感受生活的丰富与人性的丰厚。

从2000年《我的教育理想》的出版，新教育思想悄然萌芽，到2014年《新教育文库》的第三版重订，此时此刻的中国大地上，2000多所学校的200多万新教育师生，正走在新教育的路上。

以追寻理想的执着精神、深入现场的田野精神、共同生活的合作精神、悲天悯人的公益精神，埋首耕耘，成就我们的人生、我们的教育、我们的民族——这就是新教育精神的本质内涵。

新教育追求高度，但永远不会高高在上；新教育培养卓越的教师，更关注普通的教师；新教育不是一个精英俱乐部，而是一个宽容开放的团队。新教育始终敞开胸怀，永远等待、拥抱理想主义者。真实的新教育，永远在田野中，在千千万万默默无闻的普通教师的教室里。

新教育人，就是这样一群有着共同梦想、遵守共同标准的志同道合者。彼此为对方的生命祝福，彼此珍惜生命中偶然的相遇，彼此郑重作出承诺，共同创造一间又一间完美的教室，共同书写一篇又一篇生命的传奇。

新教育不求无懈可击的理论体系，而是强调行动起来，在实践中思考，在实践中提升，在实践中成长。帮孩子成为自己，让我们成为自己，一个完整的幸福的自己。我们不是人类文明的创始者，但人类文明可以通过教育的伟大理想穿越时空，通过我们今天的行动变为现实。

当然，我们也知道，只有对新教育的认识从"概念"向"信念"推进，由"理想"转向"思想"引领，激发出人们深沉的情感、执著的意志，从精神世界的积淀表现为主题的自觉行动时，新教育实验才可能真正成为人生力量和教育智慧的策源地。

新教育文库，正是总结、梳理、传播新教育人的所行所思所得的一种努力。无论是经验还是教训，这一路跋涉的足迹，都将成为指向明天的路标。在这套文库中，不同书系有着不同定位：我们希望用"通识书系"积淀下新教育的根本书籍，介绍新教育的课程与项目，用"中国人阅读书目"书系梳理专业阅读研究成果，用"蒲公英书系"及时总结一线教育经验，用"萤火虫书系"全力搭建家校沟通的平台，用"领读者书系"传播阅读推广人的经验，用"阅读力译丛"和"核心知识译丛"来介绍国外阅读理论与实践……

我们并不准备用一部部书籍堆砌功名的城堡，但我们盼望这一部部心血凝成、行动书写的图书，能够成为一块块砖石，铺就一条通往彼岸的桥梁。

那么，新教育的彼岸是什么模样？

我想，彼岸是一群又一群长大的孩子，从他们身上能清晰地看到：政治是有理想的，财富是有汗水的，科学是有人性的，享乐是有道德的。

亲爱的新教育同仁，我们正在这条通往彼岸的船上。让我们同心同行，过一种幸福完整的教育生活。

行动，就有收获。

坚持，才有奇迹。

朱永新
2018年1月21日于北京滴石斋

目录

序 生命的飓风/童喜喜 …………………………………… 1

第一章 2009，我心未老 …………………………………… 1
　　一、走进新教育/1
　　二、2009之前/6
　　三、教育生活/14
　　四、阅读生活/18
　　五、日常生活/25

第二章 2010，我心追梦 …………………………………… 27
　　一、阅读，改变我的行动/27
　　二、课程，穿越中成长/37
　　三、经历，我心更坚/47

第三章 2011，跟着感觉走 …………………………………… 53
　　一、行动，无须坚持/53
　　二、追求完美教室，无须坚持/56
　　三、经济制度，渴望又放弃/59
　　四、放弃，再放弃，还是放弃，何来坚持/62
　　五、读书，完全坚持不了/65

第四章　2012，在农历的天空下走过四季 …………… 70
  一、大事记/70
  二、教育生活/71
  三、尾声/104

第五章　2013，终结与开启 ……………………………… 105
  一、小我的呐喊/105
  二、孤独是美丽的/108
  三、我的梦幻岛/110
  四、终结与起程/117
  五、冲动与后悔/119
  六、准备前行/121
  七、逾山越谷/122
  八、以影之翼飞翔/129
  九、网师磨砺/130
  十、不可而为之/131

序

生命的飓风

童喜喜

生命像一阵风。

有的风，初起时呼啸，随后钻入巷道，最后萎靡为一声呜咽、一声叹息。

有的风，初起时悄无声息，一路积攒能量，最终奔向上空，翻云覆雨。

有的风，掀起漫天黄沙，迷人眼的轰烈之后，黄沙依旧。

有的风，看似平凡无奇，风过，绿了一片片原野。

新教育人中有个传奇般的女子，大家满含喜爱、尊敬乃至恐惧地称她"飓风"。

没人不喜爱：她帮助远方的年轻老师，可以在网上聊一整天，可以把自己的一手教学资料倾囊相授；

没人不尊敬：生活中，她在当地教育界早被奉为名师，是该市极少有的第一批获得小中高职称的人；2009年，52岁的她成为新教育网络师范学院中最年长的学员，而且在这个以严苛著称的网师中成绩突出；

当然也有令人恐惧之处：她活力四射，其原因之一是她会武术、喜冬泳——武术也就罢了，姑且算她花拳绣腿的比划；那连续坚持5年的冬泳，可无法滥竽充数啊！

事实上，飓风真名郭明晓，可大家都认为"飓风"二字更能彰显出她的灵魂。事实上她的ID全称是"大西洋来的飓风"，但从没人叫她"大西洋",因为从没觉得她距离我们有大西洋般的遥远。

她是如此普通。她就在我们身边:她是中国四川宜宾市人民路小学的一位一线教师。

可她又是如此强悍。信与爱诞生的力量,俨然已经让她抹去了时间的烙印。她随着时代一起成长、成熟,同时顽强地将时代给她带去的局限一个个甩到身后。

她是新教育的榜样教师——不仅是教学技艺上的职业模范,也是用生命书写传奇的人生典范。她这股风,已经给不少逐日倦怠的老师们带去一丝清醒、增添了几分能量。

牺牲十几个棉球, 成就名师郭明晓

想当年,飓风还是个叫郭明晓的小姑娘——

她成长于革命风暴中,1966年上小学,不到一学期就开始"文化大革命",天天背毛主席语录,一心想做英雄。高中一毕业,下乡当了四年知青,前两年在生产队劳动,后两年当上了民办老师。

当民办老师时,她背诵语录的童子功派上了用场:第一次教学生学习《为人民服务》,要求全文背诵,可学生哼哼唧唧老是背不下来。比学生大不了几岁的她也年轻气盛,当场一口气背出了《为人民服务》《纪念白求恩》《愚公移山》,学生们瞠目结舌,从此在她面前矮了几分,再没有谁敢和她比背诵课文。

可是,哪怕当了民办教师,她仍然对教师这个职业并无特别兴趣。

早在高中时她就有了当医生的心愿。当时学校有一个药园,专门栽种一些草药,她很喜欢那些草药,还买了不少医学书自学,知道了很多草药的药性。

等到了农村当知青,这广阔天地中图书却少,要借到一本书难如登天,可她还是对医学书情有独钟。什么经络学、中医药学……尤其是一本《赤脚医生手册》,成了她的宝典。书上所讲的内、外、妇、儿、五官等科常见疾病的诊断与用药,她记得滚瓜烂熟,并且活学活用到能给生产队的人看病扎针的地步。

当时生产队医务室只有一位赤脚医生，她时常跑去帮忙，医生和病人对她都颇为信任，经常让她亲自治疗。

改变她梦想的，是一个偶然事件：有一天，医生忙不过来，让她帮忙给病人打针，她欣然从命。

病人看上去与一般人没什么不同，并不特别邋遢。病人脱下裤子，她就娴熟而专业地夹起一个棉球，擦拭臀部的打针部位，进行打针前的清洁、消毒。

一个棉球，擦得黑乎乎，扔掉了；第二个棉球，擦得黑乎乎，也扔掉了……如此这般，棉球接二连三地飞出……她万万没想到，整整用了十几个棉球，才把那一小块供打针的部位擦出白净的一小块皮肤！

对一位年仅17岁的小姑娘来说，这十几个棉球的刺激过于强烈。

如果当上医生，不是一生都要面对这样的臀部和无数棉球吗?！这个可怕的想象，彻底埋葬了她的梦想。而多年后回忆此事，她仍然忍不住大笑：当时年少懵懂，甚至根本不知护士和医生的区别！

一切都是辩证的：对医学界来说，这十几个棉球是悲剧；对教育界而言，这十几个棉球则是喜剧。

因为棉球的强烈刺激，恢复高考后她就再也没想过要考医学院。填志愿时，她在财贸、师范两者间犹豫。她听说会计算错账就得赔钱，自己对金钱向来不敏感，天天算账说不定到月底工资都要赔光……想到这里，她才选择了师范专业。

准备高考是艰难的：那时她正在村里担任民办教师，负责教初三一个班的数理化三门课，哪怕她当时还很年轻，也觉得非常累。

而且，乡下既没有任何高考复习资料，也没什么交通工具，她只能每个周末步行四五个小时回城，四处找人借点资料摘抄……

这样的情况下她参加了高考。

但，成为名师的路绝非一帆风顺。

飓风是81届师范生，此前直到80届毕业生都教中学，轮到她这一届，却改为教小学。在这个刺激中还没回过神，她分配到学校后，又被安排教语文！

语文，是飓风的弱项。

尽管从小也喜欢读书，但那个时代里学校在"革命"，课外能看到的书籍也不多；

当民办老师时又一直教数理化，她高考复习时除了看初中数理化教材，就是复习高中的数理化，语文知识退化到极点，高考时语文只考了45分；

师范时才开始真正学语文，两年恶补把语文基础的字、词、句、语法、修辞基本搞懂了，但写记叙文仍然吃力，而且她一直以为自己毕业后会教理科……

弱项，就从此成为弱点吗？

1981年9月上班，1981年年底，飓风就参加了四川自修大学的刊授大学汉语言文学专业的学习。所谓刊授大学，不过是在《四川青年》杂志上刊登课程计划，一切都得靠自学。

从这之后，飓风变成了一股学习的风——

1982年，四川电大汉语言文学专业招生。飓风憋足劲想报考、想成为一名真正的大学生，结果教育局担心凤凰会飞，发文件不准这批年轻人报考。她只得作为电大的旁听生参加了学习。

那时的旁听生，必须每一科学习成绩都及格才有资格旁听，而且不准补考。但对一心向学的飓风来说，这当然不在话下。电大这三年，她才真正学习了语文：不仅阅读了所有课程的教材，还把教材所列的所有参考书全部看过。电大毕业后，她对教材的把握变得轻松多了，工作效率随之明显提高。

用了三年时间，飓风的语文从弱变强，1998年9月，她又开始从无变有：她参加了宜宾学院计算机教育专业的函授学习。那时，计算机可算时髦玩意呢。这一次，她又用三年时间学习了计算机教育的相关知识，毕业后尽管不会独立编程，但简单的操作已经会了。

飓风不仅学，更注重用。

正是在自己学习的过程中，飓风真正爱上了教育。她觉得做教育工作不用搞人际关系，非常适合自己的个性；每个老师都希望学生成绩好，有了这个共同的前提就好办；自己的课堂全由自己说了算，想怎么教就怎么教，别人不可能干涉。

当然，飓风擅长另一种人际关系：她觉得搭班老师之间的配合最重要。这个老师发怒，那个老师解释，有如严父加慈母，互相配合、不时更换角色，才能让学生知道怎么做。有鉴于此，她和普通老师间的关系特别好。曾有位数学老师跟每个搭班老师都会吵架，甚至吵到在家长会上互相拆台的地步，但和飓风搭班时，不仅相安无事，而且配合越来越默契。

爱，总会让人沉醉。就这样，飓风不知不觉沉醉在教育中：从1984年开始，她搞"质疑教学实验""整体教学实验""学法指导实验"，用实验引导自己不停学习相关教育理论，又用理论促进自己提高教学技能。

用了十几年时间，在教学水平不断提高、逐步形成自己的教学风格后，飓风又于2002年承担了学校省级课题"有效实施新课程标准的实验"。这个课题，已经开始不仅仅关注学生的成绩，而是在关注学生价值观的形成和学习方法、过程。

飓风对这个课题极其痴迷，承担此课题期间，基本天天凌晨2点之后睡觉。她觉得自己身体基础好、熬一熬没问题。可3年之后，课题结束，她的身体也彻底累垮，一时间大病小病纷至沓来。当然，飓风绝不是喜欢用悲壮来衬托事迹的悲剧英雄。她当机立断，从课题结束之时开始了冬泳。持续的体育锻炼，很快又让她恢复了活力。

不过，尽管该课题于2005年结束，事实上飓风将这一次的研究持续到了2008年9月，直到她参与课改年级的学生毕业。

她发现，有两三个孩子在自己的管理下，学习成绩都是优，但学习态度上不去。这样没有大人监督就不能持续的态度，肯定会给中学留下隐患。

飓风开始追根溯源，她一直在思考——
怎样才能点燃孩子的生命，让孩子有长期的学习愿望？

超越名师，成就新教育的飓风

2008年11月，飓风在成都遭遇新教育。

此时的飓风，已就职于宜宾市最好的人民路小学，是教导处主任，是大家尊敬的名师，而且她年已半百，仅凭已掌握的本领，顺利度过职业生涯的最后几年，安然退休绝不成问题。

但是，2008年11月，飓风在成都遭遇新教育。

或者说，那并非遭遇，而是邂逅——那是一场学术交流讲座，那是似曾相识却又有点陌生的教育理念。

此前的飓风也一直在强调让孩子读课外书，但她无奈地发现：家长重视课外阅读、能够跟进的情况就好，否则就不行。

讲座上，飓风发现新教育的干国祥、马玲、常丽华等老师，了解了新教育的儿童阶梯阅读，发现他们做的俨然都是课外的事，可他们上课又精彩纷呈——她猛然顿悟：这，就是课内与课外的衔接点！

飓风敏锐地感受到，新教育和自己以往接触过的许多理论有一个最大的不同：新教育关注学生的生命，而不仅仅关注学生的成绩。

而这其实意味着，同时对老师而言，新教育也有个最大不同：新教育关注老师的生命，而不仅仅关注老师的业绩。

生命，这是个多么美好而奢侈的存在，又是多被浪费的存在。从无意于教育到爱上教育，这寻觅着如何教育孩子的一路，不就是寻觅着自己生命存在的意义吗？！

是新教育催生了飓风：

2008年11月，遭遇新教育；

2008年12月1日，正式在教育在线论坛注册"大西洋来的飓风"；

2009年3月23日，正式在论坛建立班级主题帖，向自己、孩子和家长许下"过一种幸福完整的教育生活"的承诺；

2009年8月25日，辞掉学校教导主任职务，专心一个班的语文教学与儿童课程……

她，彻底从名师郭明晓，变成了学员飓风。

真是疯了！恐怕很多人都觉得飓风疯了！

加入"毛虫与蝴蝶"的新教育儿童阶梯阅读实验、参加"海拔五千"新教育教师读书会学习、成为网师正式学员继续学习……每一句简单的描述背后，都是无数文字资料、图片拍摄上传、经典著作的啃读，都是体力与智力的挑战，甚至堪称为折磨！

所幸，飓风的爱人肖老师觉得飓风没疯。

那也是一位优秀的小学数学老师，却因劳累过度导致视网膜脱落，手术后必须非常小心保养才能维持很低的视力。或许因为自己不得不在教育事业上退居二线，肖老师把自己的热爱也倾注在了飓风的新教育之梦中。他只是心疼她的身体，在她冬游时尽管自己不能同样下水，却每天都陪伴前行、在岸边守候。

所幸，飓风坚信自己没疯。

飓风曾经真觉得自己可能有问题。比如，30出头的年轻老师找她帮助辅导教案，她让对方先做教案，结果年轻老师交给她一份直接从网上下载的教案，她惊愕异常，感慨地觉得自己是不是有问题，要求太高。

可走进新教育后，耳濡目染中全是对教育几近饥渴的全国各地学友。和他们一起阅读、探讨童书，她感到自己返老还童；在读书会的交流、网师的学习中，她感受着对自我的突破。

事实上，飓风原本还不想参加网师，为了得到阅读后的探讨与碰撞，她走进了网师。在繁重的工作下完成网师的第一次作业，简直是场煎熬，但完成之后她不禁写道："我不仅完成了作业，更重要的是我完成了一次为理想而执著追求的升华。不管作业过不过关，我都将继续走下去，追求那'世界老时，我最后老；世界小时，我最后小'的理想，完成了一次追求理想的生命体验。即使作业不过关，也值了。"

"因为使命的驱赶，因为新教育，偶然间对着镜子，看鬓角的头发日渐斑白，想消逝的岁月永不回头，我会庆幸，我的心灵没有陪着轮回的日月慢慢变老。我感到幸运，我的生命在新教育中一日日走向丰盈。我虽年过半百，却能在新教育的体验中，倾听灵魂深处生命拔节成长的回音。"朱永新曾在2010年元旦如此写道。飓风说，这正是她的感受。

所以走进新教育一年后，在被评为"网师2009年度十佳阅读史"的总结文章中，飓风才会幸福得几乎骄傲地宣称："学校经常有老师问我：你一天到晚忙得脚板翻，累不累哦？不累！因为在2009年，我心未老。"

一颗追梦的心，如何会老?!

从生活中汲取力量执意前行的新教育人，如何会老?!

生命可以是一阵风，一阵飓风，可以摧枯拉朽地席卷、扫荡对现实的抱怨、对年岁的叹惋，笔直向前，永不停歇!

所有终结，都是新的开启

在新教育里，对所有熟悉的女老师，我都称之为"姑娘"，对飓风，也不例外。

与飓风姑娘相识于2009年。写出上面的文字，只是源自一次顺路的采访。没记错的话，当时连饭也不曾吃她一口。此后，更是君子之交。几年间，网络聊天屈指可数。她的微博我也没收听，原因很简单：她既不是我的种子教师，又不是我的萤火虫义工。

某种意义上，她只是我QQ上数百位新教育一线教师中的一位。

直到2013年。

这一年，她即将退休。我想，这样一位榜样教师，应该被新教育历史记载。遂与新教育摄影义工薛晓哲赶赴她的教室，参加了2013年夏的期末庆典。

再然后，在工作上有了几次短暂的往来。

说句实话，和她往来所耗的时间，在我2013年整个从事的事务中，连九牛一毛都算不上。我被繁重的事务驱使着，匆匆走过，也不以为意。

再然后，在2014年春节，我无意中看见了她的年度叙事。

一遍读完，又读一遍，千言万语一瞬间全然涌上来。我信手记下千余字的感想。

可是，已写很多，只能删除。

因为我一时间根本找不到语言，表达读完她这篇《终结与开启》一文的感受。

有的人，终其一生都不会懂得：名和利，是不重要的。真的，真的不重要。

还有那所谓的流芳百世之类的东西，也压根儿不重要——什么叫流芳百世呵？傻瓜蛋们，流芳百世，不过是萎顿的荣誉花环暂且未腐却成化石的光鲜说法而已。

什么重要呢？

心。一颗活泼泼的美好的心，才是重要的，是最重要的，也是唯一重要的。

而过去的一年，如她文中所记录的，是我与她交往最为密切的一年。

她用文字带着我回到了我的去年。

感慨万千，无以言表。

我为什么要这样又出钱又出力，以这种死去活来的神经病的方式来从事新教育的工作呢——有很多人问过我。

在那些或是极度疲惫、或是伤恸欲绝的时刻，我也反复地，反复地，反复地，问自己。

当然，我最后总是能够找到答案。

比如今天，这样的一篇文章，也是答案的一种——

如果你问我，为什么会以现在这种神经病的方式来做新教育义工？

我要告诉你：

为了和飓风这样的心相遇。为了有足够的阅历，在看到这颗心时，我能学会欣赏，能懂得珍惜，能保留着最纯净的笑容，灿烂地冲着她笑，能积蓄足够的力量，久久紧紧地拥抱。

——世间越是冷漠，我就越想如此。

况且，就在我眼下推动的这些公益项目中，多少年轻的教师，在十数年、数十年之后，会在生活的激流中，冲刷涤荡出同样美好的心灵！

而这些教师的璀璨的心，又将与多少孩子的心，碰撞出生命的交响呢？

这些生命的乐音，很多是在城市里回响，但更多的，会在乡村的山野里激荡。

这一切，让能够于幻想中见到这一切的我，如何不深深期待？！

当然，一颗心不可能完美。

所以，在飓风的年度叙事里，最为动人的篇章，不是记录创造的辉

序：生命的飓风　　9

煌,不是记录所得的荣光,而是用手术刀剖析自己的时刻,那刀刀见骨的疼痛。感同身受。

这一年又一年的年度叙事,最终,组成了她生命的华彩篇章。它如实地记录下了一个生命的不断蜕变,成长。

我们能够从中看见,我们终其一生搏斗的对象,不是和这个世界,而是和自己。

于是,所有终结,都是新的开启。

第一章　2009，我心未老

朱永新老师在《我们正在涨潮的海上——新年，写给新教育同仁们》中说："因为使命的驱赶，因为新教育，偶然间对着镜子，看鬓角的头发日渐斑白，想消逝的岁月永不回头，我会庆幸，我的心灵没有陪着轮回的日月慢慢变老。我感到幸运，我的生命在新教育中一日日走向丰盈。我虽年过半百，却能在新教育的体验中，倾听灵魂深处生命拔节成长的回音。"我斗胆借用朱老师的文字来表达自己在这2009年末的感受。

而我的2009年，要从2008年11月说起。

一、走进新教育

邂逅新教育，走进新教育，已经有一年多一点的时间了。第一次用新教育倡导的写作方式——生命叙事来记录自己走过的一年的旅程，书写这一年的故事。

去年，我还担任着学校的教导主任之职务，学校教师外出参观、学习基本都是由我来安排。可自2005年学校省级课题"有效实施新课程标准的实验"结束以后，我就再也不安排自己外出学习，一是多给年轻老师机会，二是做省级课题时，确实跑够了，想歇息歇息。

2008年11月，接到师培中心一个通知，派两名老师到成都参加"新教育儿童阶梯阅读"活动。新教育？儿童阶梯阅读？这是什么东西啊？

哎，以前看到通知，好歹还知道大体内容，对所培训什么还能说个一二，这次面对两个全新的名词，我就一傻子！猛然意识到，再不出去看看、学习，自己真的要变傻了。于是，我带了一个年轻老师去成都了。心想，如果这是个好东西，那就让这个年轻老师带头干起来。

能容三千多人的成都空军礼堂座无虚席，两年多没出来学习，这样的阵势让我震撼，更让我震撼的是干国祥老师执教的童话《小王子》，马玲老师执教的绘本《奥莉薇》、晨诵的诗歌、无字绘本《雪人》以及他们在讲座中提到的许多书，我一本都没有读过。虽然在这样的震撼中知道自己异常浅薄，但还没遭受打击，因为觉得在浩瀚的书海中没有读过的书，肯定多得很，只要愿意去找来阅读就是了，有什么了不起。更要命的是，我误以为新教育儿童阶梯阅读不就是把课外阅读换了一个光鲜的说法而已，早知是讲课外阅读的事情，我才不来了呢！那课外阅读是家长的事，是学生在家里的事，我才不把家长的事都做了呢，我又不是高级保姆。我是不会做这些事的，最多把这些书找来自己读一读，再如以前一样，把自己喜欢的书推荐给学生就完了，这是我邂逅新教育的第一感觉。

如果那次新教育的培训只有这些内容，我也许心都不会动一动。出人意料的是常丽华的《在农历的天空下》的课程给了我毁灭性的打击，我感觉不读诗歌的我完全没有资格当语文老师了！你知道吗，当全场的听众随着常丽华的讲述，一起朗读起那些诗歌时，我犹如白痴一样只能睁大眼睛张望而张不了嘴时，我无地自容。常丽华展示的学生作品，让我感受到了晨诵把学生带到的高度，那种高度我只能仰望！这种仰望感更加剧了我对自己没有资格当语文老师的认可，暗自庆幸自己还有五年就退休了，否则回校后，无论如何也要再次申请改教数学。当时，常丽华对于我，如天空的太阳一样，明亮、灿烂，光耀得刺眼，她把我剥得体无完肤，我真不想继续教语文了，如果有可能，我要在学校找一差事，混过这最后的五年时光。但我知道，学校不可能让我改教数学，因为我申请教数学不是一次两次了，现在更不可能同意我离开教室不教语文了，只有把语文教到退休为止。我感到绝望极了。对自己的职业感到绝望，这是我邂逅新教育的第二感受，那种痛楚，现在还记忆犹新。

活动的最后一项是窦桂梅老师执教安徒生的《卖火柴的小女孩》。当时人们归心似箭，离场的人络绎不绝，整个会场已经涣散。窦桂梅老师的淡定与执著让我佩服，她精彩的课堂更是让我佩服得五体投地。这种感觉更加深了对自己教学的沮丧感，只能感叹自己没资格当语文老师，越是这样，越想听清她说的每一个字。她课后说课时，整个会场留下的人不到50%，而且好多人已经站起身来准备离场，同事也催我快点走，窦桂梅老师也感受到这样的气氛，她说课的语速越来越快，加上会场的不安静，如果不专注地听，真不知道她在说什么。我也站起了身，为的是听清楚她在讲什么。幸好，在这嘈杂的几分钟的时间里，我听到了窦桂梅老师为了上好这篇课文，带领她学校的老师，对这篇课文进行了12次文本解读；幸好我听到了她讲述的为了讲好这篇课文，她们阅读了哪些原著与安徒生传记等。这时，我突然明白了课外阅读与课堂教学的契合点；更明白了我之所以没有常丽华那样的诗情画意，是因为我从不读诗歌；我之所以没有窦桂梅的精湛课堂，是因为我与我的学生阅读积淀不够，我更没有对文本作如此深入的解读。我的无能，源自于自己的阅读的浅薄与努力不够。我可以改变，但对一个五十岁的人来说，又有多大的动力来让自己改变呢？不想自己太累，凭自己现在的状态，虽然在这些"太阳"前我是那样的沮丧，但在学校绝不会丢人现眼。

　　经过三天的接触，我知道自己带出来的年轻老师指望不上，她不会带头做新教育的儿童阶梯阅读，不会做晨诵，当然更不会去追寻那样的理想课堂。但我会做吗？也许我会去追寻那样的理想课堂，但我就要搞新教育的儿童阶梯阅读吗？

　　不！（五十岁的人要改变自己的一贯行为确实难）但马玲老师、干国祥老师、窦桂梅老师上的课和常丽华老师讲她的"在农历的天空下"的晨诵课程确实让我兴奋不已，对新教育的儿童阶梯阅读充满了好奇。

　　好在我历来注意给学生推荐课外阅读书籍。当时我们班正好给每人买了一本教材配套的同步阅读《小熊过桥》。反正我每天都提前到教室，那就带领孩子们读上面的诗歌吧！于是，一边在上课前20分钟读读那些诗歌，一边在教育在线论坛上注册，不断地在上面去了解什么是儿童课程，什么是晨诵、午读、暮醒等，看到儿童课程确实是好东西，但想到前几年做学校省级课题时，每天晚上两三点钟才睡觉，把身体搞得一塌糊涂，真不想在五十岁后再这么拼命，所以一直没有真正做起儿童课程来。

自己对那些美好的课程真是渴望啊，每天晚上在教育在线论坛游逛到很晚才睡觉，不断地看那些帖子，感受新教育儿童课程的魅力，心里好纠结，不知应该怎样选择。

也许是老天有眼吧，把我的学生派来拯救我，帮助我选择。

一天，到医院去看望一个病人后，走出电梯，迎面走来位年轻的女医生。一身白大褂，不太合身，在娇小的身躯上显得空荡荡的。突然这女医生抱住我高兴地喊起来："郭老师，您还记得我不？"

定睛一看，那双明亮的眼睛依旧同小时候一样望着我，同样我在她那如一汪清澈明净的潭水里看到我的身影。先前的情景在此再现，"啊，郭燕妮！你怎么在这儿？"我看到最喜欢的学生，也是高兴万分。

"小学毕业后就没有看到过您了，您竟然还记得我的名字！"说着她又紧紧地拥抱着我。

我紧紧抓住她的双臂，仔细地端详着她，一点没变，还是瘦小的脸，尖尖的下巴，那双大眼睛还是像黑珍珠一样闪亮，那张小嘴还是那么可爱。我急切地问："怎么当医生了？你在这儿工作？"

只记得她告诉我大学读的是泸州医学院，至于是在这儿工作，还是实习、进修，我真记不清了。

短暂的相见分别后，直到现在再也没见过她。一个与她有关的故事却折磨得我好多天彻夜难眠。

她酷爱语文，热爱阅读，作文写得特别好，她的作文经常被我表扬。每次与我交流对话时，她总是抬起头，用她那双明亮的眼睛望着我，她的眼睛里总会映出我的影子。加上她又姓郭（教书几十年只教了三个姓郭的学生），所以我对她的印象特别深。

她爸爸是职中的语文教师。也许是受爸爸的影响，三四年级时，她喜欢上了诗歌，而且还写诗歌。她写了诗歌就给我看，还要我帮她修改。这可难坏了我，从不读诗歌的我，怎么能修改她的诗歌？每次她把诗歌拿给我修改后，我就放入我桌子抽屉的底部，再也没有还给她。几次之后，她再也没有给我过诗歌，我也没有问过她是否继续写诗歌。

她写诗歌的热情就这样被我漠视而淡忘，而且淡忘得无影无踪。在这次与她见面之前的那么多年，从来没有想起过。那天与她见面后，这件事就从我的记忆深处浮了出来，挥之不去。

那段时间，每天晚上在床上辗转难眠，脑海里总会出现她给我诗歌时那双充满渴望的眼睛。我知道，小学孩子喜欢什么，会随着年龄的增长发生很多变化，与长大后选择工作没有多少直接的联系。哪个学生做什么工作我都能接受，唯独她当了医生，我不能接受。我无端地认为酷爱语文的她当了医生肯定与我没有给她改诗歌有关系，与没有激励她继续热爱诗歌有关系。我无法原谅自己。

我更无法原谅自己的教学中没有诗歌，我害怕自己的最后一届学生里有喜爱诗歌的人而我无法引导，进而发现自己的这一生中没有诗歌，是一件多么可怕的事，生活中缺少了多少美妙的东西。我羡慕常丽华身上的诗情画意，羡慕她身上温婉高雅的气质，我更是渴望在我最后几年的教学生涯中经历一次她那样的农历课程。我得读诗歌，得带着孩子们读诗歌，几年后再带着孩子们读中国的那些古诗词，模仿常丽华做一次《在农历的天空下》的中国古诗词课程。老天就这样派郭燕妮来到我跟前，让我有了这样的选择。

我开始在教育在线论坛上去找诗歌，还在马玲老师的QQ空间里去读诗歌。时间到了去年冬至，马老师在她的空间里发表了《九九歌》与一年级老师带着孩子们读《九九歌》的操作方法，并提示一年级的老师可从这时起带领孩子们开始晨诵了。我怕累，就想只做晨诵读点诗歌就行了。可不敢声张，我害怕没有能力做好晨诵，因为要晨诵的必定是诗歌，是我从来不读的东西呀。因此只想悄悄地做来试一试再说。

于是从带领孩子们读《九九歌》开始，走进了新教育。在悄悄地做了九九八十一天后，我深刻地感受到晨诵带给学生的不仅仅是诗歌，我感受到了晨诵对学生心灵的丰盈的作用。于是在写好《跟随太阳，走过九九》这篇既是总结性又是开启性的记录后，3月23日，正式在"教育在线论坛"建立班级主题帖，向自己，向我班的五十二个孩子，向五十二个孩子身后的家长们，承诺"过一种幸福完整的教育生活"，正式地公开地走进了新教育。我把班级帖子取名为"跟随太阳"，原因有三：跟随太阳，诵读《九九歌》标志着我们走进了新教育；走进新教育，去追逐心中如太阳一样的理想教育；去追逐我心中像太阳一样的榜样们，像他们一样地去做教育，当老师。

二、 2009 之前

2009 年，可以说是我的一个"阅读年"，这一年的生活可以为之骄傲的就是阅读。可在这以前，在这以前的以前，我能为我的阅读骄傲吗？不，在这一年前，我的阅读少得可怜，才让我在遭遇新教育时，自卑无比，绝望无比。

我 1966 年上小学，上学不到一学期，"文化大革命"开始了。停课闹革命后，对一个一年级的孩子来说纯粹就是失学。复课后，我已经三年级了。当时得到的一本语文教材上有一半的课文都用纸封住了，没有被封住的页面上还有许多用墨汁遮掩的文字。对这本语文教材好奇的不是上面我能读到的课文，而是那些被封住和被墨汁遮掩的文字。我每天就拿着书，对着阳光想看看墨汁背后究竟有什么字，想撕开那厚厚的毛边纸探究被"枪毙"的课文。无奈那墨汁又浓又黑，不能透一点光，更看不清被涂抹的文字；那毛边纸粘贴得异常牢固似乎粘成了一块纸板，只要用力一撕肯定撕坏而绝对看不到一篇完整的课文。于是，上课就成了我研究如何撕开这贴上去的毛边纸时光，一本书被我撕得稀烂也没有看到一篇完整的文字，只看到一些支离破碎的字符。怎样看到完整的文字又成了我研究的重点。历尽了千辛万苦，在撕坏了所有书页后的最后一篇课文，我看到了完整的课文。那是一篇童话故事，讲的是一天放学后，课桌与凳子的对话，他们相互诉苦，说他们的小主人怎样折腾他们，在桌子的脸上乱写乱画，把凳子搞得折了胳膊断了腿。小小的我真是喜欢这篇课文，这大概是我记忆中读到的第一个童话故事吧——历尽千难万险后才读到的啊，那种喜欢，那种兴奋无以言表。可这个故事也带给我思考：这么好看的故事，又教育我们要爱护公物，为什么要"封"掉呢？其实这个问题，我现在也不能回答。因为这个故事，从那时起我就绝不会在桌子上写半个字，也从没有坐着时瞎折腾，人为地弄坏凳子的事。故事啊，就这样以比任何言说都有力量地帮助我形成了一个终生的好习惯——对一切东西都爱惜无比。

在小学阶段，只记得这只有不到一半课文的语文教材，后来有什么语文教材全然不记得了，只记得我们天天接触的是毛主席语录。除了上面这篇"窃"来的课文留下了深刻的记忆，其余课文都已经烟消云散了。要说背毛主席语录，现在还会背很多呢。记得第一次教《为人民服务》，要求全文背诵。学生老是背不了，我一口气背了《为人民服务》《纪念白求恩》《愚公移山》，我的学生们瞠目结舌，从此再没有哪个学生敢和我比背诵课文。那时背的毛主席诗词，现在仍然记得。"我失骄杨君失柳，杨柳轻扬直上重霄九，问讯吴刚何所有，吴刚捧出桂花酒。寂寞嫦娥舒广袖，万里长空且为忠魂舞。忽报人间曾伏虎，泪飞顿作倾盆雨。"可能这是那时背的毛主席诗词里面最有人情味的了，所以特别喜欢，随时都在吟唱，直到现在，还常常唱起。还喜欢的就是毛主席的那些特别豪迈、大气、超浪漫与超现实结合的诗歌，如《七律·长征》《人民解放军占领南京》《为女民兵题照》《沁园春·雪》《卜算子·咏梅》等。在小学阶段，我从没有学习唐诗宋词等。而毛主席的诗篇，已经深入我的骨髓，尽管后来强迫自己背了许多唐诗宋词，但是在临时要急用的时候，想起来的还是毛主席的诗篇。1996年，我那班的孩子已经到了六年级了，在小学六年的最后一个教师节的时候，孩子们为我们组织了一个庆教师节的联欢会。到了最后，孩子们要我唱一个歌。我因为嗓子哑了而朗诵诗歌，没想到脱口而出的就是《七律·长征》，让孩子们大为扫兴。

从四年级开始读小说。读的第一部小说是《林海雪原》。由于那时的语文课堂缺少语文能力的培养，乃至四年级了还不会默读，总是要念出声，遭到姐姐的嘲笑，才在《林海雪原》中学会了默读，才学会了看书。那时看《林海雪原》，一是被它比样板戏《智取威虎山》更详细的故事情节吸引，真是崇拜杨子荣啊；二是喜欢书中对白茹的描写，总是反复翻看描写她像小白鸽一样的美丽的部分。从心理学的观点来看，那就是我——一个八九岁的小姑娘，在只穿青蓝二色衣服的时代，内心对女性美的向往吧。后来，又相继看了《欧阳海之歌》《雷锋的故事》《雷锋日记》《王杰的故事》等英雄的故事。同时还看了许多连环画。这些连环画，大多都是各类英雄人物的故事，如刘文学、向景玉、高玉宝等。其中有一本《黄海捕鲸记》让我认识了鲸鱼，更让我崇拜那些捕鲸的渔民。在小学阶段还有一个资料不得不提及，那就是珍宝岛自卫反击战英雄事迹的资料。珍宝岛自卫反击战后不久，我就从父亲带回家的内部资料中看到了珍宝岛自卫反击战英雄事迹，其中的陈绍光是我们宜宾人，我特别为自己的家乡有这样的英雄而自豪，也特别想成为这样的英雄。那时，我在成都泡桐树小学上学，在我看了那个资料大半年后的一天，老师要给我们班的同学讲珍宝岛自卫反击战的英雄事迹，我心里特别得意，一是珍宝岛自卫反击战的英雄有我们宜宾人，二是我早就看过的资料，连老师也才看到，那种比别人先阅读的快感，现在还记得。

　　由于有这样的阅读，我一心要成为英雄那样的人。我们班级有十一个女同学成立了一个学雷锋小组，每天放学后，就到成都公交5路车上义务执勤，帮助售票员维护上下车秩序，一直默默地做无名英雄，就连老师也不知道我们每天去执勤。用现在时尚的话来说，那段经历应该是我人生中的一段正儿八经的自觉的义工经历。那段经历的美好长久地留在我的心中，时时想起来就感到温暖。

　　在小学读《欧阳海之歌》也有故事。当时我家里有一本"文革"后再版的书，其中有一个情节是欧阳海读刘少奇的《论共产党员的修养》，觉得那是"毒草"而读不下去，就扔掉书。书就在一个角落里被风吹得瑟瑟作响，最后被风吹进了垃圾堆里。在读家里的书的时候，并没有注意这个情节。也许是当时书少，也许是对《欧阳海之歌》的喜爱，读了很多遍。现在也记不清当时怎么又弄到了一本"文革"前出版的《欧阳海之歌》，当再读到这一情节时，我发现两本书的描写完全不一样，"文革"前这本书描写的是欧阳海读《论共产党员的修养》，如获至宝，从书中找到了修炼共产党员修养的法宝，从而得以成长为我们敬仰的英雄人物。对小学四五年级的我，可以说要崩溃，一本书，就因为时间不同，对同一事物有两种截然不同的书写。这是怎么了？我那些天不断地把两本书的同一情节对照阅读，我无法理解，也无法解释。但我知道，这是个不能问的问题，直到我长大，我才明白了原委。

上中学了，我又回到了宜宾。大概是在20世纪70年代初，我国出版了一套《十万个为什么》。我们家里买了一套，有二十多本呢。上初中那两年，主要就是看这套书了。从书中懂得了许多科学知识，尽管那时的课没有开完整，但从这套书中，弥补了许多当时学校没有教过的知识。因为《十万个为什么》的阅读，直到现在，我仍然喜欢看科普类书籍。从工作到现在，一直订有《奥秘》杂志，女儿读小学起就订有《少年百科知识画报》，尽管女儿早已不看了，我还是每年都要订，为自己而订。这两本杂志，每期必从头看到尾。

在读初中时，由于当时环境的原因，一旦《人民日报》发表社论我是必读的，而且是反复阅读的。还有就是《红旗》杂志，上面的文章也是从头看到尾，一篇也不会遗漏。因为那个年代，随时都要写批判稿，只有看了，写批判稿时才写得来。上初中那三年，从来没有写过什么记叙文。记得中考时，作文是《记一次劳动》，我把作文写出来，全身被汗水湿透了，简直比一次真正的劳动还吃力。那时由于经常读社论、读《红旗》杂志的批判文章，写批判文章真是又快又轻松。后来读师范写记叙文，不管怎么写都只能得六七十分，但到了写论述文的时候，一下子就能得高分了。我师范的语文老师还专门说过：你的记叙文写得硬邦邦的，你的论述文怎么写得那么好呢？论点、论据、论证都是那么标准，那三段式的运用，完全得心应手。看来，我议论文的功底，应该归功于那时的读社论、写批判稿啦。

读初中的时候，看过一本小册子，名字记不住了，但内容清楚地记得，那就是讲我国第一代登山运动员攀登珠峰的故事。他们那种为国争光的决心和信心，他们那种不怕牺牲的精神，给我留下了深刻的印象。从那以后，我开始坚持早起锻炼身体了。虽然没有几十年如一日，但总的来说，我还是属于爱锻炼的人，现在能够坚持冬泳，也与看那本书有关。每每想放弃的时候，就会想起那些人来。

初中阶段仍然看革命小说，什么《红岩》《党的女儿》等都是在那时看的。家里有一本郭沫若的《百花齐放》精装诗集，是我经常翻阅的书。书吸引我的是那木刻的百花，那细腻的线条，那栩栩如生的姿态令我爱不释手。我从那上面认识我喜欢的花，从读那些诗去认识花。本书遗失后，我再也不读现代诗，我真不知道跟郭沫若的《百花齐放》有没有关系。我现在经常在想，如果我家里当时的诗歌集不是《百花齐放》，而是什么唐诗宋词，我的生活中还会不会缺少诗歌呢？

1973年初中毕业。那年，是"文革"后第一次招高中生。当时，我还没有满15岁，按当时17岁下乡当知青，我年龄还差得远，理应读高中。1973年，"文革"后第一次举行高考，虽然后来被白卷先生张铁生闹黄了，我还是参加了"文革"后的第一次中考。上了高中后，我们班同学的学习劲头，那个足啊，按老师们的话就是恢复到了"文革"以前高考的状态。高中那两年，基本都是埋头在数理化中，因为初中差的东西太多了。当时也读了些课外书，只是读的书没什么印象而已。那时学校有个图书室，只要图书室开放，我都会去读书。图书室的书不多，能借着什么就看什么，有时每天借的书都不一样，乱七八糟看一气，反正就是玩的一种方式而已。在高中读的书还记得的就是手抄本的《一双绣花鞋》，被那紧张的情节吸引，更被主人公的勇敢折服。还有就是当时学校禁止看的手抄本《少女之心》，虽然有同学答应借给我看，我也不敢借来看了。

高中时，批林批孔、批宋江，借着批宋江看了《水浒传》。同时，在政治课上，学了毛泽东的《实践论》与《矛盾论》，对我唯物主义世界观的形成起了一个重要的作用。

高中的时候，还想当医生，当时学校有一个药园，专门栽种一些草药，我很喜欢那些药，经常看一些草药的书，知道了很多草药的药性。

不知什么时候看了《钢铁是怎样炼成的》。现在想想这本书对我的影响非常大。保尔·柯察金关于生命的名言我虽然不能原封不动地背下来，但我却把它简洁地化为："临死的时候，不会因为虚度年华而悔恨，也不会因为碌碌无为而羞愧。"这句话时常在我心中响起，让我害怕在临死时感到羞愧。

也记不清是在高中,还是当知青时,用一天一夜的时间看完了《基督山伯爵》。我现在还记得看书时的情景,那是我第一次看书看到眼花缭乱的地步。这本书对我的影响也很大,说老实话小说里的绝大部分情节我都淡忘了,甚至是一个什么样的故事我也说不清楚了,但却随时想起基督山伯爵逃离监狱的情景。虽然我也说不清楚什么时候这情节会从我脑海中冒出来,但每次想起这一情境时,当时阅读时在看到基督山伯爵被绑上大石头扔进大海里时的紧张心情又会出现。也许这一情节在冥冥之中告诉我,即使是掉入设置的万无一失的绝境中,只要不放弃也有逃离的机会。现在回头看看自己想做的事,不管遇到什么情况都不会放弃,根源也许就在这里吧。有时我都为自己能在困难面前坚持而感到不可思议。这几年总在想是什么阅读让自己有如此坚持,想来想去,总会想到这一情节。也许这本书对我的作用就在于此吧。

高中毕业后,到农村当知青。来到农村,才是自己的天地。想看什么书都可以。但在乡下要借到一本书是何其的难啊!不过我还是杂七杂八地看了许多算命的书,面相的书,还有什么痣相学之类的书。记得看到一个男的左眼白里有个地方有颗痣,书上说这男的妻子的右下眼皮中间必有一颗哭夫痣。我一对照,与我父母眼睛上的痣一模一样,让我感到这类书的神奇。曾经花了好长一段时间来看,虽然那时我唯物主义世界观已经形成,但书中所举的许多事例,让我在现实生活中找到了对应。现在我虽然不再去看那些书,不相信算命的说法,但我确实不能否认那本痣相学书上说的我父母眼睛上的痣与他们的命运的关系是一样的事实。

在农村,我还看过一本《青春期生理卫生》。这本书从正面讲述了青春期生理卫生,及怎样正确对待两性关系。后来,我又看了手抄本的《少女之心》,又从另一个侧面了解了性。这两本书,一好一坏,都是我性知识的启蒙读物。

在农村,更多的是看医学知识的书,看过什么经络学、中医药学,看得最多的是一本《赤脚医生手册》。上面讲了内、外、妇、儿、五官等科的常见疾病的诊断与用药,我基本看得来,能够给我们生产队的人看病扎针。虽然后来因为一个偶然的原因让我不再愿意学医，但那段时间学的医学知识，让我终生受用。

四年知青生活，前两年在生产队劳动，虽然艰辛，却也自在；后两年，一是当了民办老师，要教一个初中班的数理化三门课；二是要高考复习，基本又没有时间看别的书了。除了看教材，就是复习高中的数理化，语文知识差到了极点，连主、谓、宾都搞不清楚，在高考时语文只考了45分。

进入师范后，才真正开始学习语文了。虽然想着毕业后教理科，但想到当一个教师语文太差了也不像话，才认认真真地学了两年语文。师范两年，把重点放在数理化上，但学习语文还是花了我大量时间，因为我的语文基础太差了。经过两年的恶补，语文基础的字、词、句、语法、修辞基本上搞懂了，但写记叙文仍然吃力。

师范毕业被分配到小学工作，又被分配来教语文。真是遇到了我的弱项。没办法，1981年底，参加了四川自修大学的刊授大学的汉语言专业的学习。刊授大学，其实就是在《四川青年》杂志上刊登课程计划，一切都得靠自学。1982年，四川电大汉语言专业招生，那时的教育局还不准我们报考，我只得作为电大的旁听生参加了学习。那时的旁听生，必须每学科成绩及格，没有补考机会。在三年的电大学习中，我如饥似渴地学习了所有的课程，不仅阅读了教材，还阅读了教材所列的全部参考书。那三年才真正地学习了语文。为自己当一个语文教师而努力。电大毕业后，我对教材的把握轻松了，对教材的理解容易多了，工作效率也明显提高了。

在读电大时，读《高老头》的感受最深，特别是高老头临死那段描写，让我感到心紧，呼吸急促，让我深深地感受把钱看得比命重要的人真是可悲，告诫自己绝不做这样的人。也许深受这本书的影响吧，我把钱看得很淡，结婚给老公讲的我不做的两件事之一就是不管钱。因为不管钱，那时家里拮据似乎也与我无关，那是管钱的人操心的事，由此从未因为操心钱而快乐无比。

1985年电大毕业后，为了提高自己的教学水平，主要看的是教材教法的专业杂志，在杂志上看到的经验与理论，就在自己的教学中去应用。从

1984年开始，我搞了"质疑教学实验""整体教学实验""学法指导实验"，在这些实验中去学习相关理论并努力提高教学水平的技能。从1984年到1998年这14年中，我的教学水平在不断提高并逐步形成了自己的教学风格。这一段时期，我注重的是自身的教学水平的提高与学生学业成绩的优异。

1998年9月，我再次走进了函授学习的行列，来到宜宾学院计算机教育专业学习。用三年的时间，学习了有关计算机教育的理论知识，但对编程这些课程学得不好，不能独立编程。对操作性的知识学习得稍微好些，能够在自己的工作中熟练地使用计算机。

2002年至2005年，我承担了学校省级课题"有效实施新课程标准的实验"。在实验中，学习了有关课程改革的大量理论，重点学习了自主、合作、探究的理论。这中间重点精读了王坦的《论合作学习》《合作学习的理念与实施》，罗星凯、李萍昌的《探究式学习》，裴娣娜等的《发展性学习》，陆璟的《探究性学习》，任长松的《探究式学习》，周林的《主体合作学习》《学科文化说》等理论著作，并运用于我们的教学实验。在这样的学习与实验中，我的教学方法与教学风格都发生了根本的改变。这样的学习一直持续到2008年我的参与课改年级的学生毕业为止。这6年，我更注重的是学生的全面发展，注重的是学生学习方法的掌握与学习能力的提高，注重的是他们终生学习能力的培养。我追求的是学生全面发展，个个都达到优秀。但是，在毕业的时候，有两三个学生的学业没有达到优秀，特别是有一两个学生，他们在主动学习方面，还没有达到要求。

送走了他们，我又接手了一个一年级的班级。我想轻轻松松地过完我教学生涯的最后五年时光。当时除了教导处的一些事务性工作外，我就担任一个一年级班级的语文教学。这对我来说真是轻松。可两三个月后，我开始觉得心里空虚得发慌。

回首过去岁月的阅读，我是多么的浅薄，多么的自卑和无地自容。

有幸在2008年的11月，在成都，接触了新教育，接触了儿童阶梯阅读，有幸见到了干国祥老师、马玲老师、常丽华老师、薛瑞萍老师、窦桂梅老师，并聆听了他们的课。他们为我们举行的阅读盛宴，吸引我走进了教育在线论坛。有幸，偶遇我的学生郭燕妮，让我选择了新教育，开始了一轮近似疯狂的阅读。

这就是我遭遇新教育之前的岁月。

三、教育生活

2009年，我的教育生活和阅读相伴。其中发生如下大事：

3月23日，正式在"教育在线论坛"建立班级主题帖，向自己、向我班的五十二个孩子、向五十二个孩子身后的家长们承诺"过一种幸福完整的教育生活"，并发了在教育在线的第一篇帖子《跟随太阳，走过九九》。

6月4日加入了毛虫群落，就像是漂泊在外的孩子找到家，从此，在"毛虫群落"这个大家庭里，学习、成长，并受到马玲老师、杨娟老师和其他优秀老师的指导和帮助。

6月30日起到8月底，参加"海拔五千——新教育教师读书会（童书组）"的学习与讨论，阅读童话，学习怎样指导学生读童书。

8月25日，因身体和年龄原因，辞掉学校教导主任职务，专心一个班的语文教学与新教育儿童课程。

9月8日，建立个人阅读主题帖"【网师学员】逐日——大西洋来的飓风（郭明晓）阅读专帖"（这片园子现在已经杂草丛生），因各种原因，直至9月17日才写好《我的阅读史》，申请参加网师的学习。9月26日，正式成为网师学员。从10月1日开始了网师的学习。

2009年又可分为上半年与下半年两个不同的阅读阶段。

上半年，为了开展儿童课程，每天晚上拼命地在教育在线上读一个个优秀毛虫的帖子，下载一张张绘本的图片，模仿着优秀毛虫的做法，进行着儿童课程。上半年开展的儿童课程只有每天早晨把诗歌抄写在黑板上与打印给学生的晨诵，每周一次的绘本课，做一次读写绘作业。但就是这样的课程，已经让孩子们的生命发生了奇迹般的变化。

要让课程进行下去，要让课程达到我预想的教学目标，我首先做到的还是正确解读一个个绘本。在现在看来，这解读的过程，也就是自己兴发感动的一个过程，如果没有让自己感动，我是绝不会把绘本呈现在孩子们的面前的。记得解读《猜猜我有多爱你》这个绘本时，首先读懂的还是母爱的伟大，但是怎样设计读写绘作业，怎样进行教学自己还是把握不准，于是把故事讲给了老公和班主任听，想听听他们是怎样解读的，想从他们的解读中得到点启示。可是他们两个都是数学老师，他们的解读是或具体或抽象的数学知识，简直要让我晕倒。只得自己反复地读绘本，直到我深刻地体会到故事中讲述的母爱是那样的无边无际而又是那样的亲切感人，我才决定给孩子们讲这个绘本故事。

其次，阅读优秀帖子上怎样进行儿童课程的理论。在正确解读了《猜猜我有多爱你》这个绘本后，在怎样设计教学、设计什么样的读写绘作业方面，我又遇到了困难。我当时作了以下记录：

> 晚上，我再次打开绘本的PPT，反复看了许多次，我对爱的理解更加强烈，母爱的伟大深深地打动着我，我要让这种爱根植于孩子的心底。但是怎样讲，我还是不能确定。
>
> 走进了死胡同，干脆放弃，另作处理。我打开网页"你也可以飞——新教育儿童课程'相约星期六'第一次研讨之小风习习版读写绘案例《我也可以飞》"再次学习了起来。"因为毕竟重要的是吸纳，是吸收，是汲取；而不是表现、表演、表露。"干老师的这句话引起了我的思考：吸纳、吸收、汲取什么呢？是各种各样的知识吗？不，肯定不是！那是什么呢？"它不是为了智力，不是为了思想品德，它是为了生命的丰富而赠予的一份礼物。"我豁然开朗，给学生一份丰富生命的礼物。看：这个故事是由小兔子开始的——猜猜我有多爱你。如果我们的孩子也能像小兔子这样，那有多好！
>
> 因此，我的教学应该沿着"营造——体味——抒发——回报"的脉络，将孩子与父母之间原本具有的自然情感予以渲染和提升，让每一个孩子既能在充满爱意的氛围中成长，又能以自己力所能及的方式去关爱他人（首先是父母），让孩子因爱而感动，为爱而行动！
>
> 第一步：营造孩子们爱的氛围，用"爸爸、妈妈爱你们吗？你们

爱他们吗？有多爱？"引入故事。

第二步：体味。教师讲第一遍故事，师生一起扮演角色。让学生自觉地成为小栗色兔的角色。

第三步：抒发。学生说说可以怎样表达自己对爸爸、妈妈的爱。

第四步：回报。学生回家后，把故事讲给父母听，并用多种方式表达自己对父母的爱。完成读写绘作品。

于是，我设计了这样的作业：

1. 当我们爱爸爸妈妈的时候，可以什么方式来表达？（课堂讨论）回家之后，用多种方式表达自己对爸爸、妈妈的爱。

2. 把《猜猜我有多爱你》这个故事讲给爸爸、妈妈听。

3. 画一画、写一写《猜猜我有多爱你》这个故事或自己对爸爸、妈妈的爱。

优秀帖子上的这些理论，让我在儿童课程的教学中找到了方向，也找到了具体的操作办法。

第三，阅读美化主题帖的种种操作方法。建立班级主题帖后，首先遇到的问题就是怎样发图片；发图片的问题解决后，又发现优秀帖子都有背景图片，可自己根本就不知道怎样发背景图片。在自己的帖子上发了一个询问，询问怎样发背景图片。可是那会儿，除了班上的家长上帖子看之外，好像没有另外的人去看过我们的帖子。问了也是白问。于是就打电话向在成都的女儿求救，女儿给了我一个程序命令，在另外网站的帖子上都能发上背景图片，可是在教育在线上却不能。我想，这么多帖子都有背景图片，肯定应该是很简单易行的方法，才会有众多的背景，如果真的要用什么程序命令的话，应该好多人都不会。于是，我就在教育在线上论坛上大海捞针般地寻找发背景的方法，花了三晚上的时间，也没有找到。就在第三晚上快关电脑时，突然发现有这样一个帖子"MMC请将毛虫们的疑问，发到这里来"，打开一看，里面什么问题都有。我想一定有我要解决的问题。于是，一楼一楼地读下来，哈哈，终于找到添加背景的方法了，还如此简单。一试，果然成功。就在找这个问题的时候，还学会了其他许多操作方法，如怎样批量地压缩相片，怎样把相片转换成 JPEG 文件格式再上传，怎样裁剪相片，去掉多余部分，等等。更重要的是，这个帖子里，还有许多毛虫在教学中的疑问，那些问题，好多都是我的问题，也在这个帖子里一并解决。

就这样，独自一人，因问题而在教育在线论坛上啃读，解决在进行儿童课程中的问题。这半年，是一个解决"饥饿"似的阅读的半年。

6月初，在疏雨圆荷的鼓励下，我加入了毛虫群落。真没有想到，在申请加入毛虫群落的时候，是马玲老师接待的。当时我心跳得怦怦响，自己都感觉奇怪。从那以后，经常得到马玲老师的指导与帮助，经常得到杨娟老师的帮助与鼓励，感觉不再是独自一人，感觉不再是孤军奋战，有问题就向群里的毛虫们求救，流浪的孩子终于找到家了。从那以后，我的阅读变得理性了，在马老师的指导下，开始了知性阅读。

经过半年的争取，下半年学校为我班教室安装了一台多媒体电脑，能让学生通过三十四吋的电视机来看 PPT 课件。于是我们的晨诵变成了有多媒体课件的"荤读"了。绘本课也不会因为学术厅要开会而耽误了。班级图书柜也建立起来了，儿童课程真正地开展起来了。除周一是英语晨诵之外，周二至周五都是我带领孩子们进行诗歌的晨诵，并做至少三次晨诵诗的写绘。每周一次绘本故事的读写绘。每天下午放学讲二十分钟的故事。当有孩子过生日的时候，为他们举行纪念生日的仪式，开始时的几个孩子送给的是"生日诗"；后来，在马老师的指导下，变成了送"生日故事"。做这些事的时候，伴随阅读的是马玲老师的《手心里的光》。这本书成了我进行儿童课程的指导性手册。

在这下半年，读优秀毛虫的帖子少了，只是把小风习习的主题帖和巍巍老师的主题帖作为榜样帖，三天两头上去取点经。一天，因找不到合适的晨诵诗向马老师请教时，马老师又提醒我读优秀毛虫的帖子，这才又去读了紫藤物语的帖子，从中又学习到了许多。

在下半年的语文教学中，我引入了《构筑理想课堂》的一些理念，基本上实现了学生自学生字的目标，正在引导学生按老师提供的题目在课文中勾画以进行真正的文本对话，为三年级按预习题自学课文做准备。

做这些工作要花大量的时间的。周一晚上选本周的晨诵诗并做成 PPT 课件，如果选诗或搜集图片不顺利的话，经常还不能完成任务，得放在其他时间来完成；周四晚上选本周讲的绘本并做成 PPT 课件（有时不用做课件，用马老师传给我的现成课件），这一般需要 2 至 3 个小时。最费时间的还是每天的读写绘作品，批改、拍照要 1 个小时，就是一节半的时间；回到家后，还要把它做成 JPEG 格式的图片，又要花 1 个多小时；最烦人的还是上传，如果网速不行的话，那就是无法计算时间了，所以大多在晚上 12 点半以后上传，那样就可以只花约 30 分钟的时间。但是如果每天晚上在 1 点才睡觉，老公是要批评的，所以有时又只得放弃早晨的游泳时间，在早上 7—8 点这段时间上传，以节约时间。每周写教育记事一般要花 2—3 个小时，给家长写信花 1 小时左右。把这些时间保证了，才是网师学习的时间或看书的时间。

四、阅读生活

2009 年，应该说是近 10 年来读书读得最多的一年。不是因为我有多刻苦，而是前几年几乎是不读书，起点太低，容易提高，所以这一年就成了读书多的一年了。

首先，还是读绘本，返老还童般地读，如饥似渴地读，读了近 200 个绘本，给学生讲了 100 多个绘本故事。这些故事，个个都让我感动，让我也有了孩童般的心。

其次是读童话，格林童话，安徒生童话，《夏洛的网》《小熊温尼·菩》《笨狼的故事》《木偶奇遇记》《小王子》《彼德·潘》《青鸟》《绿山墙的安妮》等。特别是在七八月时，在"童书组"读的书，有《秋空爽朗》《童话世界与童心世界》《巫婆一定得死》《俄狄浦斯情结》和干国祥老师的《也谈"俄狄浦斯情结"》《阿德勒心理学概括》，柯云路的《童话人格》等，还阅读了这些书涉及的童话。我阅读这些书时进行了细致的批注，那批注之认真，自己现在看着都觉得不可思议，怎么做得那么细哦！如果我现在在网师读的书也做那样的批注，我想收获也会那样多。暑假那两个月最值得骄傲的是有的是时间专心读书，仿佛又回到年轻时代，一切都抛到脑后，只用读书，其他的什么都可以不管似的。能静下心来，安安静静地读两个月的书，这是好多年来都没有过的事了。在2009年7月、8月，又变成了现实，真不容易啊！顺便提一句，在那两个月的读书中，上交了规定的全部作业，而只有一次没有获得优秀。我多骄傲啊，不是为那么多的优秀，而是为自己又有了认真读书的态度，为了自己在读书中有许多的收获。在《丑小鸭》的读后感中，我写下了这样一段话：

> 现在，我有了"小中高"的职称。有许多人认为已经够了，人也到五十多岁了，应该歇下来了。可是在去年送走了一个毕业班后，虽然总体来说学生们都非常优秀，但是有那么几个孩子在学习上还不那么令人满意。接到这个班后，一直在思考，怎样让这个班的学生每个都能以优秀的成绩毕业。去年11月的成都之行，让我接触到了新教育，在听了常丽华老师的《在农历的天空下》的讲座后，我又产生了深深的自卑感，真觉得自己没有当语文教师的资格。在听了窦桂梅老师的《卖火柴的小女孩》与她的说课后，我找到了儿童阶梯阅读与课内学习的结合点，我认准了新教育，我确定新教育能把所有的学生都引向优秀。回家后，我疯狂地在网上阅读榜样的帖子，榜样们太优秀了，我又产生了深深的自卑，虽然已经开始实验，却没有勇气在网上开自己的主题帖，没有勇气加入毛虫群落。经过一段时间的实验后，在众多毛虫榜样的激励下，为了给自己一个承诺，为了给孩子们一个承诺，我鼓足勇气，建立了一个班级主题帖。后来在毛虫的鼓励下，我又加入了毛虫群落，得到了众多毛虫的帮助。现在，我虽然还是会自卑，但我现在不怕了，我会像丑小鸭一样顽强拼搏，超越自己，走向成功，走向卓越。

在《犟龟》的读后感中，我又写道：

> 读了《犟龟》，我更加坚定了自己的人生目标，更加坚信自己的

人生态度，对自己更多了一分信任；更让我深思的是，作为教育者，怎样唤起我们那些像蜘蛛、蜗牛、壁虎和乌鸦的孩子们对自己的信任，对自己身体的信任，对自己克服重重困难的信任，对可能实现的愿望的信任，对人生目标的信任。只有唤醒他们对自己的信任，他们才能在人生的道路上坚持，他们才会在前进的道路上遇到属于自己的那个庆典。

信任，是坚持的原动力！努力吧，坚持吧，让自己和孩子们坚信：上了路，就天天走，总会遇见那隆重的庆典！

这就是我今天还能行走在新教育路上的原因。阅读让自己在2009年，定下了要像犟龟一样去追寻那隆重的庆典的生活方式。哈哈，在阅读中，我心未老。

第三，读网师课程的书。说到读网师，又有话要说了。原来是不想读网师的。海门年会后，读了干老师的"［推荐］完美教室与卓越教师（干国祥）"这个帖子后，买了全套《新教育项目用书》《第56号教室的奇迹》《成功无捷径——第56号教室的奇迹》等书。9月初那段时间，一直在反复读《第56号教室的奇迹》。当读完时，在为班级制订道德行为准则的时候，本想就用雷夫的道德发展六阶段。就在找学校的美术老师给我设计图画的时候，我用了好大的力气才让她明白那道德发展六阶段的含义，甚至还把《第56号教室的奇迹》借给她看了一星期，她的设计图还是不能让我满意。这时，我又想有没有中国式的道德发展行为准则呢？于是我在毛虫群落里发言询问。干老师告诉我，有，而且还有更好的，并给我推荐了网师《第56号教室的奇迹》课程的讨论记录。我知道，看记录与参与讨论的效果是绝对不一样的，所以想参加讨论。但得到的答复是不参加网师的学习，是不能参加讨论的。于是才萌生了参加网师的想法。

在书写阅读史的时候，回顾了几十年的阅读，在回顾的过程中，我发现自己内心深处一直渴望读书，而现在已经停不下来了。我渴望与人共读，渴望有人引领，所以在阅读史的最后，我表达了自己读网师的决心和目的：

为了让自己和孩子们走向卓越，我要读下去，我要在有人的引领下读下去。因此，我决定参加网师的学习，进行理性化的阅读，让自己在新教育的道路上走得更稳，更实。

读《第56号教室的奇迹》，让我增加了课程意识，知道什么为课程，怎样去实践课程，更重要的是对学生培养的目标更高，原来只是想把学生个个培养优秀，现在的目标却是"卓越"。因为目标提升了，对自己的要求也高了。比如，在参加网师以前，本是不想学《构筑理想课堂》这门课的。因为要追求卓越，所以又参加了这门课程的学习，并认真对待。

读《构筑理想课堂》也有一个曲折的过程。还没有进入网师就在读了，读第一遍的时候，觉得这有什么了不起，我平时就是这样做的呀！进入网师后，再读时，感受不一样了，这才是真正把学生引向卓越的课堂。于是才开始认真对待这门课程，认真对待每一次作业。

记得特别清楚，完成第一次作业《我是一只小蝴蝶》的教学框架设计，完全是挣扎着完成的。当时我作了这样的记录：

当网师短消息提醒"新教育综合课程之有效教学框架"课程过关作业将于10月11日截止时，才知道要上交作业。于是赶紧读完《苏菲的世界》10月9日要讨论的章节，开始查找《我是一只小蝴蝶》的资料，去了解周梦蝶其人、其诗，并安排自己在10月9日和10日两个晚上来完成作业的文本。可天有不测风云，气温骤然下降了十多度，我的过敏性鼻炎也骤然发作，那全身性的症状真的令我难以忍受，要想坚持写完作业文本真的没有一点自信，吃饭时还在心里对自己说，完不成作业就算了，这么大年纪了，又病了，何必硬撑着；要不然就补考吧。吃过饭躺在沙发上休息的时候，心里老是不甘就这样放弃，就又坐到电脑前，读《我是一只小蝴蝶》，越读越被周梦蝶的自信感动，越读越被周梦蝶那种执著地追求理想的不怕危险困难的精神和敢作敢为无所畏惧的魄力震撼，于是做了文本解读，做了网师的作业，再加上今天早晨的努力，终于完成了作业。

这一次我不仅完成了作业，更重要的是我完成了一次为理想而执著追求的升华。不管作业过不过关，我都将继续走下去，追求那"世界老时，我最后老；世界小时，我最后小"的理想，完成了一次追求理想的生命体验。即使作业不过关，也值了。

这一门课，记忆深刻的还有《江南春》框架设计作业不过关。那是一次失缺了自己的教学设计，完全是模仿干老师的《渔歌子》教学设计来进行的。理所当然不过关啰。有时人犯糊涂还真不知道是怎样犯的，过后，自己想想都觉得可笑，这把年纪了，还公然犯这么低级的错误，不可原谅。从那以后，再没有把教学框架设计当成作业来完成，而是当做自己的教学设计来完成，实实在在地去提高自己的教学水平。因此，在设计时，处处想的都是自己面前的学生，自己面对学生应该怎样引导，自己怎样才能把学生引向卓越的方法。

现在，每一次做作业之前，总还要翻翻书。每一次翻书，总有每一次的收获。在完成一次次作业的过程中，在一次次讨论中，我一次次地被感动——"南瓜"们追求卓越的精神、"南瓜"们对教材解读的精准、"南瓜"们处理教材的智慧……虽然现在，我的课堂还看不出有什么大的变化，但我已经在不断地把学到的东西引入课堂。我相信，总有一天，我会构筑起属于自己的理想课堂。

读《苏菲的世界》就读得稀里糊涂，读得囫囵吞枣。虽然读了两遍，西方孩子中学的读物，到我这儿打开书看着的时候，似乎什么都知道了，可是一合上书，就什么都不知道了，以至于没有勇气去做过关作业，准备等到以后再重修。这一放弃，还得到了老公和女儿的大力赞扬："哈哈，你终于知道应该有放弃的时候啦！值得表扬！"我真是哭笑不得呀！不过，虽然没有做过关作业，虽然没有完全读懂，但还是有收获的。因为哲学的东西会让自己发生一种悄然的变化。这种变化也出现在我的教学中了，给学生上《坐井观天》就是一个例子。

读《唐宋词十七讲》读得异常认真。我知道，我的最大的缺陷就在于诗词的缺失。所以我要在这门课程中学习叶先生解读诗词的方法。虽然叶先生说解词无定法，但我相信，在先生的无定法中一定能寻出规律。所以我在读这本书时候，在领会叶先生分析词的时候，总是要去思考她用的什么方法来解读的。也因此，我在做过关作业的时候，也是寻着读书笔记的轨迹去寻找叶先生解词的方法，我要为我今后的农历课程做准备。虽然我对全书解词的方法的归纳还没有完成，但我一定会完成的。因为我知道，要兴发感动，首先还是得读懂诗歌，我的问题是有好多古诗都读不懂，我必须掌握学习的方法，先把诗读懂；否则，到时我是没有勇气开始农历课程的。

读《中国哲学简史》似乎比读《苏菲的世界》要轻松些。现在还没有读完，不管怎样，我也要读下去。

读《古老的回声》也读得很认真，将随着课程的进行继续读。

在网师读书，自我评价属于差等生级别。不过我自己挺阿Q的，读了总比不读好，差等生总比不是学生要好。差等生慢慢地追吧！还好，网师没有毕业的时间限制，只要坚持，总有把课程学完的时候。我一定要坚持，我一定能坚持。这也是我心未老的表现吧！

第四，读课题项目组推荐的资料。在毛虫群落，马老师不断地给我们推荐优秀的帖子，这其中有优秀毛虫的帖子，也有课题组推进的实验的优秀帖子。这学期细读的帖子有：

[推荐] 完美教室与卓越教师（干国祥）

2009，守候开学的日子——写下明亮诗篇的第一行

我们不一样，我们都很棒——二年级优秀毛虫案例自荐帖

归零之后，重新启程——芷眉的一（1）班"读写绘"影像记录（已更新）

【分享与推荐】去寻找一盏灯——2009灵山－新教育贵州·山西行（重庆长寿、贵州凤冈、贵州毕节、山西绛县）

【晨诵案例】寻找一盏灯——顾城诗歌单元主题（适用四年级以上）

【推荐】古绛新教育——新教育实验山西绛县实验区现场会学校

参观告别诵诗

　　【推荐】男孩子和女孩子主题晨诵（来自麦子麦子、周信东）
　　【分享与推荐】追寻青鸟——《青鸟》导读及共读
　　铃儿响叮当——圣诞节专帖

　　这些帖子的阅读，直接指导着我进行儿童课程，应该说，是这些帖子在对我起着引领的作用。

　　在读帖子中，有一个帖子不得不提及。那是干老师的《令人作呕的氛围里，藏有我的一份狐臭》。那时，我因为家长的不理解在挣扎，因为对本地的教育现状的不满在挣扎。如果不是读了这篇文章，也许我就在新教育的路上退了下来。是这篇文章，让我不再发牢骚，让我心平气和，让我专心地去做那些做也做不完的事，也让我下决心，辞去学校教导主任的职务，专心一个班的儿童课程，开出一朵花来，把生命的尊严与芬芳撒播到大地。

　　2009年，我在新教育的路上坚持下来了，我不再彷徨，我不甘心平庸，我要朝着卓越的方向努力，我要努力地成为一个卓越的人，努力地把我的孩子们带往卓越。2009年，我还有追求，我心未老。

　　第五，读诗歌。为了进行晨诵，读儿歌、读《向着明亮那方》，还在网上搜集诗歌来读，还每天坚持读网师的《每日一诗》。读这些诗，有的是为晨诵选诗而读，有的却是为自己提高水平而读。读这些诗有什么作用？也许现在还看不出什么，等到我四年级做农历课程时，应该有显现吧。

　　读诗也有让我兴发感动的时候。记得是在暑假里，在一个朋友的空间看见据传为六世达赖喇嘛仓央嘉措的诗：

　　　　那一天
　　　　闭目在经殿香雾中
　　　　蓦然听见
　　　　你诵经中的真言
　　　　那一月

我摇动所有的转经筒

不为超度

只为触摸你的指尖

那一年

磕长头匍匐在山路

不为觐见

只为贴着你的温暖

那一世

转山转水转佛塔

不为修来生

只为途中与你相见

  当读到这首诗时，我脑海里浮现出在西藏看到的诵经的、摇动转经筒的、磕长头的和转佛塔的一个个画面……随着我的一遍遍朗读，我又看到了一个个新教育人他们像犟龟一样前行在去追寻那隆重的庆典的路上……当我看到他的空间里还写着"这和尚真是个情圣"时，我留下了"这首诗是情诗吗？我怎么看不出来呢？太深刻了，我喜欢，转了哈！"的印迹。后来，我去搜索这首诗的相关资料，一查才知道这还真是一首情诗呢，可就在我接触它的第一时间，我却没有看到一点情诗的影子，看到的只是新教育人为了寻找一盏灯，每一天、每一月、每一年，乃至一生一世都在追寻的身影。那几天，我一直在不断地读背着这首诗，以表达自己一定要在新教育的路上走下去的决心。

  读诗歌，也是我在2009年的一种新的生活方式。在诗歌中，我心偶尔也会出现那么一丁点儿浪漫了，对于我这种生活得一是一、二是二的人来说，有丁点儿诗意，有丁点儿浪漫，真的是太难得了。这不证明我心未老吗？我的心在读诗歌中变得丰盈起来，变得年轻起来。

五、 日常生活

  2009年，我的生活平凡而充实。每天工作、学习、锻炼和做家务，一样也不能少。这一年对自己最满意的还是工作与锻炼。特别是下半年的工作，单纯而有意义，忙碌而快乐。锻炼是我最引以为豪的事，每天早晨到游泳池游800米，下午到岷江游800米，现在江水只有8度多一点点，仍然能游十六七分钟，2010年的元旦又去横渡了金沙江。这已经是第5次元旦横渡金沙江了。厉害吧！年轻吧！心未老吧！

这一年身体状况好像不如去年，经常性的生点小病，医生说是更年期的反应。这样的自然规律是没有办法改变的，任其自然吧。前两周学校的例行体检的报告还没有出来，但总体来说还是健康的，只是左膝关节长了两个小骨刺，肝脏的血管有点"打绞绞"（一公分大的血管瘤），无关大碍，只要多注意定期观察检查就行了。可当时也吓了一跳，吓得《构筑理想课堂》的第六次作业都没有心思做了。

做家务是少不了的。买菜、做饭，是我的任务。按理看着一家三口能吃能睡应该是件高兴的事，可是一看到弄的一大锅菜被三下五除二般的消灭的时候，总在满足之余有一点小小的遗憾——要是能多吃几顿就好了！不是怕把自己吃穷了，吃是吃不穷的，而是心痛做菜太花时间了。也许，这就是女老师们的悲哀，再苦再累也得做饭来喂饱家中亲爱的人儿。真羡慕幸福的魏老师，家有贤妻，能置家务而不顾地全心工作。不过，我也有幸福的时候，每天下河游泳，不游泳的老公总是陪同前往。我坚持游泳近五年了，他也坚持陪同了近五年。这样的陪伴幸福让我感到快乐满足。

生活快乐、幸福，让我充满活力！学校经常有老师问我：你一天到晚忙得脚板翻，累不累哦？不累！因为在2009年，我心未老。

絮絮叨叨地说了这么多，慢吞吞地一份总结写了两三个晚上，从这点看上去似乎老了。但是，从2009年我走过的历程与我的心态来看，我敢肯定地说：2009，我心未老！

2010年1月3日

第二章　2010，我心追梦

2010年，我心怀梦想；2010年，是我追梦的一年。

回望2010年，我扪心自问：你的追梦行动坚定吗？你在追梦的路上走了多远？

站在2011年的起点，我惴惴不安，又走过一年，教师生涯又少了一年，我对得起这珍贵的时间吗？我对得起逝去的一年的生命吗？

尽管不愿意回顾，但我必须得回顾，我得让自己的2011年，走得更坚定，行动得更有效。

一、 阅读， 改变我的行动

2010年，我读书不多，每本书在我的生命中都留下了或深或浅的痕迹，每本书都让我的行动有或多或少的改变。

《中国哲学简史》——知晓我的天命

2010年伊始，我还在艰难地啃着《中国哲学简史》，我不断地把书中的要点进行梳理，我力图去把握整本书的结构，我企望本门课程的作业能过关。于是，花了寒假的绝大部分时间，整理了近3万字的作业笔记。可是，这样的啃读是什么结果呢？打开书内容一目了然，合上书却一片茫然。自己对这样的作业也不太满意。正在这时，读到了干国祥老师在点评一篇阅读史时说的话："学习，并不是把外面的知识，搬进自己的头脑……良好的学习，就是生命不断地开启自己，使得自己能够更好地把握环境，或者在环境中适然。任何一种知识，除非成了个体的经验，并促进比过去更优质的行动，否则它就没有意义，甚至会成为遮蔽生命的死物。"叩问自己，儒家理论成了你个体经验了吗？促进你比过去更优质的行动了吗？我觉得这份作业，没有与自己的生命结合起来，没有在自己生命中活起来，我不想要这样的作业，如果有时间，我要重新写一份儒家思想与自己生命相互编织的作业，否则宁缺毋滥。我毅然决定不上交已经写好的作业了，我要重新开始。

我重新开始写作业了，我不断地追问自己，你认同儒家精神吗？你能去实践儒家精神吗？你的天命是什么？你怎样去"敬"教育之事？这份作业虽然没有写完，《中国哲学简史》的作业虽然没有上交，但我明白了我的天命在教室里，我的天命是把我的五十三个孩子带向卓越，我要去"敬"儿童课程之事，我要在教室里去立己立人。

有了这样的想法，这一年我把自己的力气花在了教室里，我在教室里追寻自己的梦。

《论语》——追寻己立立人

还在寒假里，我就开始自读《论语》。

读《论语》一开始遇到最大障碍就是对文言文的理解困难。怎么办，只有硬啃啦！我把我原来买的一本张燕婴译注的《论语》翻出来，放在书包里，走到哪里，只要有一丁点空隙就拿出来读，读到能诵为止，等扫清文字障碍后，再对照李泽厚的《论语今读》来仔细理解。

开学了，孩子们经过一个假期，似乎又忘记了自觉早读。怎样解决这个问题？反思一下自己早晨的情况，总是在电脑前、讲台上忙上忙下，自己也静不下来早读。孩子们呢，则在交作业、搞文具等，他们也没闲着啊。孩子们的表现，不就是自己的影子吗？自己啥样，孩子们就啥样，要解决孩子们的问题，必须先解决自己的问题。什么叫"己欲立而立人，己欲达而达人"。（《论语·雍也》）这时好像有了一些自身的体验了，也有了解决问题的办法。

　　3月3日早晨，我8:05准时到教室。教室里只有七八个孩子，看来他们也是刚到，连灯都还没有来得及打开。我边开灯，边向他们问好："孩子们，早上好！""郭老师，早上好！"他们一边回答，一边向我围过来。我拿起粉笔，开始在黑板上写字，他们就在我身后站了一圈，我写一个字，他们念一个字，当我写完，他们又念了一遍："用行动告诉大家：我会自觉早读！"当我转身时，他们也转身开始回到自己的座位上。我从书包里拿出《论语》大声地读起来，俨然旁若无人的样子。他们完全愣了，不知自己该怎么办。我还是读我的。大概有一两分钟吧，终于有人发问了："郭老师，我们读什么啊，晨诵诗没有发啊？""哦，晨诵诗没有发可以读读写绘本上的诗啊！除了读晨诵诗，还可以读书啊，你想读什么书都可以。就像我想读《论语》我就读《论语》一样。"我继续埋头大声地读我的书。他们理解了我的话，有的人开始从书包里找书出来了，但不是全部。我根本不理会，照样读我的书。读了一会儿，我发现他们读书没有声音，我说："早上读书，像我一样大声地读出来。"教室里有读书声了。我读了一会儿抬头扫视了一下教室，在黑板上写下了"陈麓伊、黄杰荣"两个名字，也不作任何解释，继续大声地读我的。他们看了看这两个孩子，明白我记的是早读表现好的人，就开始认真地读起来。孩子们陆续来到教室，后来的人想说话，先来的人就指指黑板，后来的孩子也自觉地读了起来。我读一会儿就写上两个名字，读一会儿又写上两个名字。到上课时，黑板上已经有15个人的名字，我说："从今天起，我们都这样自觉地早读，不要老师提醒。表现好的我就记在黑板上，我希望我记的名字能越来越多。我也认真读了的，我也应该记上。我要把记的名字照下来，看看每天是哪些人在自觉早读。"我在他们的名字旁边写下了"郭老师"后，就用相机把名字拍了下来。那天，虽然不是全部孩子，但必定大部分孩子在我的影响下自觉早读了。

　　就这样，每天早晨我都在教室里大声地读《论语》，孩子们也读自己喜欢的诗歌、课文、故事……当五月份开始上《论语》课时，我已经把《论语》熟读了两遍，文字障碍基本扫清；而这时，我们班的早读基本不用人提醒就能进行了。我用行动来体验了"己立立人",《论语》引领我在教室里追求"己立立人"。

这种方法,不仅培养了学生早读的习惯,而且培养了学生日记的习惯。

进入二年级下学期后,为了训练孩子们的书写能力,为了养成孩子们善于观察的习惯,我希望我们班个个孩子都能自觉地写日记。用什么办法最好?尝试了表扬、念优秀日记、加星等办法,效果都不明显。4月份,马玲老师在贵州石门坎与孩子们一起写绘的经验启发了我,我马上尝试与孩子们共写日记,并在日记中向他们提出挑战。哇,意想不到的效果来了,原来写日记的人写出了好多精彩的日记,原来不写日记的人也开始写日记了。好多家长也加入到共写的行列中来了。现在我们班只有两个孩子不能坚持写日记,比开始时一直不写总算有进步了。

读《论语》还让我变得豁达开朗,坚持自己的追求而不顾环境的恶劣勇往直前。以前遇到学校的一些管理问题,自己觉得不合理就会抱怨或发牢骚。读了《论语》,对这些现象能够用孔子的仁学结构去分析,把它定位后就是会心地一笑,仍然按我自己的目标前进,我尝试用将心比心的道德水准去理解这些现象,我努力要求自己把应该做的事情做好。

读《论语》,让我乐于把搭班老师卷入"夏洛"的行列,为孩子们编织一个个美妙的词语。班级所有老师形成一个共同体,才便于孩子们成长;否则,不但帮不上忙,还会消解自己的工作成效。可是,我不能要求所有同事都像我一样,钻进网师,扎入儿童课程,理解新教育的理念。因此,原来我觉得同事不能按新教育的理念做的事,我就取而代之,比如写评语,虽然我不是班主任,但评语一律都是由我代劳。现在我不仅要继续代写生命叙事,我还要让我的行动,来感染他们,让他们处理学生的问题,与我的理念一致,这样才有利于孩子的成长。

我班有个孩子,因为特别调皮与坐不住,有的老师多用就事论事来处理,并用他律,不考虑孩子生命成长的背景,不能根本解决问题。于是我告诉她孩子的生命发展史,分析孩子调皮与坐不住都是因为他用不正确的方法在摆脱自己的"困境",他是在寻求家长、老师的关注与爱;告诉她这两年这孩子生日时，我送的故事与诗歌蕴含的意义及孩子得到这样的生日礼物后的变化，和她一直商量怎样教育孩子遵守规则，让孩子在遵守规则中获得老师的爱。当这样的方法确实有效后，她处理这孩子的事情也开始试着用我们共同商量的方法来处理了。

阅读《论语》，上《论语》课，不仅让我学到了干国祥老师的许多优秀的学习方法与独特的思维方式，更重要的是让我在教室里去追寻"己立立人，己达达人"的道德境界。

《给教师的建议》 ——甘愿死去活来

当初在教育在线注册网名时给自己取名"飓风"，其目的就是要颠覆自己的教学成见，实践全新的教育理念，真正过上幸福完整的教育生活。

可是，进入教育在线，开展了儿童课程后，发现自己的课堂教学基本没有改变；进入网师后，虽然在追求理想课堂，但自己对理想框架还是把握不牢，理解不深，运用起来更是费劲，因此，自己的教学风格也没有得到根本性的改变。

《给教师的建议》读得特别细致，先在书上批注，再在电子文档上批注，上课后，再把老师的观点整理在相应的篇章里。更重要的是，一条一条地对照自己的教学来读，读一条，我就在教室里去实施一条……随着读《给教师的建议》的深入，我的课堂也在发生着变化。现在每一课，我都力求去追逐理想课堂的三重境界：我不断地对学生进行思的训练，希望他们训练有素；我梦想着有一天，他们能自己解读文本，他们能在自己的穿越中变强大。

读《给教师的建议》不仅让我的课堂发生了颠覆性的变化，而且还让我与家长的联系发生了根本的变化。去年，每周给家长写信不知写什么，总是到榜样帖子上去"取经"，看到哪个内容好，就写哪个内容，甚至有些信是"舶来品"，没有形成家校联系的体系，更无风格可言。真不敢想象当时家长读着自己东一榔头西一棒子的信，是怎么适应的，也许根本就不知所措。想想自己当时真是可笑，还怪家长不配合学校工作，疏于对孩子的管理。当读着《给教师的建议》中《家庭要有教育学素养》时，我找到了建立家校良好联系的办法，在每周的信中，给家长"贩卖"苏霍姆林斯基的理论，并用自己在课堂上实施苏氏理论的案例作说明。这学期又开始"贩卖"心理学、教育学理论，把自己在阅读中学到的理论传授给家长，让自己的家校联系有一个体系，以此来提高家长们的教育学素养。

从9月底开始，我又以马玲老师为榜样，坚持每天给家长发短信，汇报孩子的突出表现，引导家长开展丰富的家庭活动，帮助家长对孩子们的学习进行深入的指导。

真的，这样的家校联系我现在还离不开了，如果哪天没有发家校联系，就觉得少了什么似的。每天的短信真的帮了我不少忙。就拿作文教学来说吧，三年级习作是一个难点，因为有这样的短信，每次习作指导后，我都把习作提纲发给家长，他们就能对照提纲检查孩子的习作了。在他们的帮助下，我觉得孩子这学期的作文棒极了，他们轻松地走过了起步作文这一难关。孩子们也每天盼望看到我发的短信，因为那里有自己突出的个人表现。家长们也喜欢看这样的短信，他们希望在短信中看到自己孩子的名字，也愿意根据短信中的提示来指导孩子学习。

读《给教师的建议》也改变了我开家长座谈会的方式。

原来，一学期一次，每次由我主讲，汇报孩子们考试成绩，再提出教育教学要求，批评一些不管理孩子的家长。完全是一副"霸主"的姿态，效果会好在哪呢？

读了《给教师的建议》，我在家长座谈会上也运用苏霍姆林斯基的教育学循环的原理，让家长们享受成功的乐趣，激发他们进一步管理好孩子的愿望，让他们也置身在苏霍姆林斯基的教育学的良性循环当中，促进他们成为优秀的家长。现在的家长座谈会，成了老师、家长交流管理孩子经验的交流会，学习教育教学理论的研讨会。

比如，上学期我们开的家长座谈会，我们首先回顾了我在每周致家长信中学习的《给教师的建议》的理论，再学习了《点》这个绘本，并用苏霍姆林斯基的理论来解释这个绘本，讨论我们应该怎样为孩子们建立"镜框"的问题，接着，请了唐诗淼的爸爸和王浩璇的妈妈介绍了他们与孩子共读共写共生活的经验。在上学期家长会后，希望孩子自由发展的余天麟妈妈，努力向榜样学习，不仅每天与孩子共读共写共生活，培养起孩子阅读的兴趣，还纠正了孩子许多坏习惯，一跃成为我们班的榜样家长，在这学期的家长座谈会上，她现身说法，介绍了家长与孩子共读共写共生活带来的孩子的变化。

虽然我常和家长们开玩笑，说我写的信与每天发的家校联系像是沙漠里唱情歌，但是，我真的能感受到家长们已经发生了很大的变化。不说每天的日常管理，光是今年家长们自发组织孩子们搞的大型活动就有三次。第三次我去参加了，目睹了他们在重阳节，带着孩子到郊区的一个敬老院去慰问那里的孤寡老人。孩子们为老人们表演节目，家长们为老人们捐款，他们在用自己力所能及的方式，给孩子以深刻的影响。当然啦，坚持与孩子共读共写共生活的家庭越来越多，买书的热潮也一次又一次地掀起……

我知道，因为根本改变了家校联系的方式与内容，我们班孩子们在家的精神生活也日渐丰盈。

读《给教师的建议》，让我的教育教学死去活来。获得新生的教育教学正在帮助我去追寻那美好的梦想。

《静悄悄的革命》 ——站在新的起点

开始上《静悄悄的革命》了，我还在忙期末的评语（为了让孩子在读写绘作品中能写诗，我自己挑战自己，用诗歌来给孩子们写评语，花费了很多时间）、忙年会的发言稿，书一点也没有看。第一次上课云里雾里，真是不知在讲些什么。

好在假期随之而来，好在去年会的路上是近三十个小时的一人旅程，有时间安静下来读《静悄悄的革命》了，好在自己以前有过搞合作学习的经历，在读的时候，我不断地与自己的做法对照，后来的两次课就轻松多了。

在做过关作业时，我用《静悄悄的革命》的理论对自己以前搞的合作学习进行了一次深入的剖析，清晰地知道了自己的问题所在。因此，《静悄悄的革命》让我的合作学习又站在了一个新的起点上。现在，我在搞合作学习时，对在合作中怎样体现"浪漫——精确——综合"更清楚，特别关注那些"不确定"性的思维，注意与有"不确定"思维的学生对话，让"不确定"的言语能深入到其他学生的心中，让"不确定"的思考和表现在创造性的思考和表现中发挥威力。

心理学——走近孩子心灵

下半年，我选了心理学课程。说老实话，这半年读书更是读得跟跟跄跄，不是临到上课之前，是读不完书的，甚至经常完成不了预习，即使完成了，也完成得相当差劲，对书上的内容似懂非懂。为了弥补自己的缺陷，总是强迫自己在做饭时，游泳时，特别是在面对学生时，去思考书上的内容，想着想着也有想通的时候，于是马上翻看授课记录，翻看原文，多多少少也有些收获，当然要达到网师的水平还差得远呢。

即使只有这一点点收获，对我的追梦行动也大有帮助。看学生时，开始注意他们发生这件事的整个生命历程背景了，对多年不能解决的问题也开始能找到解决的办法了。比如，我班有一个孩子，如果用考试成绩这一外在的标准来看，他绝对是一个差生（语文一般考80来分，数学一般考60、70分），半期考试后，家长虽然着急，却仍想一如既往地不管孩子，要我帮他找个老师给孩子补课。我从孩子整个生命成长史来给他分析了孩子学习差的原因，细致地指出孩子在整个生命成长中的进步，让他看到了希望，表示一定要认真对待孩子的成长，不再不问不管了，不再以为出钱就尽责了，而是认真地开始与孩子共读，开始与孩子讨论问题，开始与孩子一起穿越那些对孩子来说还很难的知识……家长的转变一定会带来孩子的转变，孩子后半期开始进步了，虽然进步是那么缓慢，但种子开始发芽，我们就有希望看到它结果。

我班上还有另外一个孩子，在幼儿园时就出名了的，来到我们班也遭到家长与同学的讨厌，甚至班主任也坚信他有"多动症"，觉得根本无法改变他。虽然在两年的儿童课程中，他有些改变，但对他长期不遵守课堂纪律的问题，我也感到束手无策。在学了心理学后，我从他整个生命史来看他的问题，找出问题出在他所处的环境上，出在他用不正确的方式来摆脱他的"困境"。我知道，我要改变他，必须要改变他所处的环境，必须要让他的家长坚持与他深度共读。虽然我知道，要改变他所处的环境，要改变他整个家庭的观念，要改变他所有老师的观念，这谈何容易，但我已经找到解决的办法，我就绝不放弃。我已经在开始着手进行解决了。即使这条路还很长很长，我也要坚持下去，为一个生命的成长而坚持，值得！

心理学的学习，我现在还在做过关作业，特别是用心理学的理论来分析一个生命现象，心理学的知识才能在我生命中活起来。我还更愿意走近每个学生的心灵，去翻阅他们整个生命的成长史，来寻找他们生命发展路径，来让心理学知识在我生命中活起来。我现在还不能如陈老师、马老师她们一样，写出每个孩子这学期的生命叙事，但我又明确了一个具体的目标，我会朝着这个目标努力。追梦任重而道远啊，我怎么跪得起呢？

《教育的目的》——把握教育的节奏

读怀特海的《教育的目的》是在魏智渊老师的微博的催促中开始的。这学期一直不能把握好节奏，感觉好像是被迫读书，总感觉魏老师拿着大刀站在身后坚定而温和地追赶着自己读书，有时看他的微博真想用他那无形的大刀反捅他几下，让他犯晕，免得他催命……想是这样想了，不过还真感谢他时时处处提醒，否则可能真要一天到晚忙昏了头，而把读书这事忘得一干二净。因为有他的提醒，我总算在上课前把书读了两遍，但作的批注极少，多是对照自己的课程在想，想自己的课程哪些地方是浪漫，哪些地方是精确，哪些地方是综合，想怎样把握课程的节奏，想得特别多的课程就是这学期的共读《绿野仙踪》，并用这样的理论指导自己的课程，让孩子们在"浪漫——精确——综合"的节奏中稳步前进。

共读《绿野仙踪》已经进行一学期了。在开始共读以前，有好些孩子早就自己读过了。我计划是按"浪漫——精确——综合"三步来读的：

第一步，在班级分角色朗读。要求是每个孩子自己在多萝西、稻草人、铁皮人和狮子四个角色中自选一个角色，从始至终都朗读那个角色，班级共读时，相同角色的人坐在一起读自己担任的角色的话，其他角色和叙述部分由我读，让孩子们在分角色朗读中以人物自居。

第二步，根据我设计的题目进行主题探讨。这一遍，要求孩子们对书中部分段落作精细的啃读，进行批注、讨论，再总结出故事蕴含的道理进行记录。这一遍读得特别久，读了两个多月。在读这一遍中，不断地设计些具有挑战性的事情让孩子们去做，并告诉他们这是他们通向自己梦想"奥芝国"的黄砖路上遇到的困难，希望他们能克服困难，不断前进。这样，他们把读书与自己的生命体验结合起来了，在具有挑战性的任务中，不断地去克服困难，很好地完成了任务。当我展示他们的成果时，他们也为自己能完成这样的任务而惊叹，为能完成这样的任务而欢呼。

第三步，要求孩子们用我提供的剧本或自己改编的剧本来演童话剧。现在，孩子们的表演已经拉开序幕，今天（1月4日）已经有一个小组进行了表演。要在短短的一周时间组织并排练出来第一、二两章内容的表演，这中间有多少困难只有他们自己才知道。不过他们已经克服了，他们在自己通往"奥芝国"的黄砖路上又向前走了一大步。

我要求每个孩子必须参加演出，小组自由组合。任务布置以后，许多孩子就自发地组成小组，但有的孩子却没有参与到小组中去。我对这些没有参与的人进行了了解，有的是还没有开始组织，有的是组织了却找不齐自己所需要的人。于是我进行了温和的强迫。我假借检查有多少个小组、每个小组有哪些人为由，让已经成立的小组进行展示，再请"自由人"站到讲台上去。这时奇迹出现了，站在讲台上的"自由人"，有几个自己就开始在"组团"了，而已经"组团"还差角色的小组，就向这些"自由人"发出了邀请，"自由人"基本都有了着落，只有一个女生还没有着落。

有趣的事发生了。在讲台上"组团"的那个组全是"光头和尚"，谁来演多萝西呀？我向他们推荐还没有着落的女生，可他们异口同声地拒绝了。理由是他们都不喜欢那个女生。我不再理他们，让他们自己想办法。只见他们你推我，我推你，谁也不愿意男扮女装去演多萝西。不知他们又嘀咕了些什么，最后，他们向那个不喜欢的女生发出了邀请，请她到他们组去演多萝西。那女孩也欣然前往。另外，有两个小组向我求救，说他们还各差一个人。可是班上现在已经没有多余的人了。我突然想起上午有个孩子告诉我他那个小组只有两个人，希望我帮助他们找组员，我让他们自己去想办法。一问才知道他们还是两个人。两个人是根本无法表演的，告诉他们，其他还有两个小组各差一个人，问他们怎么办？他们商量了一下，决定解散自己两人小组，参加到其他两个小组中去。

我想，不管表演的效果怎样，光是这个"组团"就已经够精彩的了。孩子们其实是在学习自己怎样建立共同体，学习怎样与自己喜欢的、不喜欢的人合作，学习在共同体内怎样分配任务（角色与担任的工作），怎样协调时间、怎样坚持与放弃己见……只要每个小组能够成功演出，那么这一次共同体的建立就应该算是成功的。

这三步，其实每一步中都还包含着"浪漫——精确——综合"。虽然我已经应用了《教育的目的》中的理论来指导自己的工作，但要深入地把握这些理论，还离不开理性的分析总结。我将在过关作业中进行系统的分析总结，让这些理论深入自己的骨髓，融入自己的生命。

在网师读的书就这些。书虽然读得少了点，但每本书都在我生命里留下了或深或浅的痕迹，都让我的行动有或多或少的变化。

还有一本《教育人类学》正读着呢，因为还没有真正读进去，还没有转化成行动，只好放在明年来写了。

在网师，每周的《网师班会》和《周日静思》是必读的。真应该好好感谢魏智渊老师与干国祥老师，是他们用自己的智慧给我以启迪，让我在追梦的路上走得毫不动摇，坚定无比。

二、 课程，穿越中成长

老实说，今年主要精力都放在教室里呢，可现在回头看看，真不知从什么地方说起。还是从阅读与课程的关系说吧。

晨诵——向着明亮那方

在做儿童课程以前，我除了读过极少的中国古诗之外，基本没有读过其他诗歌。在2009年，为了做儿童课程，开始读诗歌了，并带领孩子们晨诵。可是那时的晨诵，没有课程观念，这儿去找一首，那儿去找一首，整个课程显得支离破碎。从2010年起，我开始有了课程意识，开始按主题来做晨诵课程。

今年一开始我就做"金子美玲歌谣·春"，开始在"金子美玲"的《向着明亮那方》中穿越。但是，做这个课程时，因为在教育在线上有"笑颜星空""紫藤物语"他们的榜样帖子，我每天在帖子上去取经，学习笑颜星空、紫藤物语他们的操作方法来指导孩子们晨诵。后来，紫藤物语还倾囊相助，把他们的课程资料全给了我，我只是在他们基础上稍微改动了一下，加了些诗歌，就在自己班级去实施。

严格说来，"金子美玲歌谣·春"这个课程还不属于我的课程。因为这个课程没有我的开发，没有我自己独立的穿越，是站在榜样的肩膀上起飞的。但在榜样的课程中，我学到了很多晨诵操作的具体方法，亦步亦趋地跟着榜样们前进。

每天读金子美玲的诗歌还没有觉得什么，更没有体会到金子美玲的诗歌纯美的风格。在做了六周24首"金子美玲歌谣·春"这个课程后，春天还没有过去，我就在教育在线上找到了其他诗人关于春天的诗歌，做了一个为期五周的"春之歌"的晨诵课程。在做这个课程时，我对诗歌的解读就轻松多了，在这些诗人的诗歌与金子美玲的诗歌的对比阅读中，我一下子体会到了金子美玲的纯美的风格，一下子喜欢上金子美玲的诗歌。我知道，我的这种成长，都是在诗歌中穿越的原因。

进入夏天了，我又开始了"金子美玲歌谣·夏"的课程。这一课程，在教育在线上只有笑颜星空的9首诗歌，对于我要做两个月的课程来说真是太少了。没办法，只有自己开发了。我每天一首一首地啃《向着明亮那方》上的诗歌，同时也得到了马玲老师的帮助。

在马老师的指导下，我们在毛虫群落成立了一个小小的讨论组，共同开发"金子美铃歌谣·夏"的课程，研讨内容包括挑选诗歌、完成解读及教学策略、课件制作，直到上课、学生反馈、课后反思等诸多方面。

我最记得清楚的是6月2日晚讨论《橙花》《感冒》了。那晚，在马老师的指导下，我们从怎样解读诗歌、晨诵课上操作以及课件的制作都进行了讨论。从那天以后，我读金子美玲的诗歌完全不一样了。原来，我读金子美玲的诗歌时，看不到诗歌里的孩子，只能看到诗里说的什么就是什么。比如，《葫芦花》这首诗，我原来读的时候，就只能看到星星和葫芦花，它们完全没有生命，完全没有情感，也不知道诗在说些啥。在讨论之后，我再读《葫芦花》时，就看到了诗中两个孩子，一个叫星星，一个叫葫芦花……由此，我还看到了我班级中类似的孩子。

我终于明白了，只有自己独立地去穿越，只有自己穿越过后，才会有顿悟的时候。我又一次在诗歌的穿越中成长了。

对诗歌的理解有一定的进步，但怎样写诗为孩子们示范可是我特别弱的弱项。有一次在与马老师讨论写诗时，我告诉马老师，我自己就写不来诗。马老师告诉我："什么是诗呀，把完整的句子拦腰截断。"我对马老师的这句话琢磨了一两个小时，终于明白，"怎样写诗呀，让涌动的情自然流淌"，我让"兴发感动"变成了自己的经验，也开始敢在晨诵时为孩子们写点诗了。

这时，我班的孩子们已经开始有创作诗歌的热情，但他们还走不出模仿的路子。我知道，问题出在自己身上。为了给孩子们示范写诗歌并不难，我给自己提出了一个挑战，用诗歌来完成学期的评语。后来，在小风习习的帮助下，我真的用诗歌写完了所有孩子的评语。当我们在"金子美玲歌谣·夏"的结束仪式上，为孩子们送出一首首评语诗时，孩子们高兴得哦，也开始了自己写诗的历程。

走进暑假，在马老师的指导下，大毛虫们又开始为秋天的晨诵做准备了。开始了谢尔大叔的诗歌讨论。那段时间，虽然我还在为自己的期末而忙碌，还在为年会的发言而忙碌，但我总是参加讨论，虽然我没有发言，但我必定有一定的穿越，所以后来在自己做"谢尔大叔幽默之风"的课程时，就轻松多了。

在准备暑假讨论时，马老师让我当金子美玲诗歌讨论小组的组长。虽然那段时间特别忙，但我知道这又是一次真正的穿越，又将是一次真正的成长，于是欣然同意。在去开年会时，也带着《向着明亮那方》，有空就拿出来读，希望在年会后，与毛虫们一起有一次快速的成长。

年会一完，在西安玩了两天，回到成都后，我就开始了"金子美玲歌谣·秋冬"的准备。用了整整两天时间，选出了53首金子美玲的诗歌，并按照我自己的理解分成了"秋""冬"两个课程，还做出了一份课程计划。

讨论开始了，我首先把自己的课程计划抛出来让大家讨论，把大家搞得一头雾水。后来在马老师的指导下，我们还是从理解诗歌入手才让讨论深入进行。再后来，干老师针对我们对诗歌理解的问题，从主题的选择、诗的韵味、怎样把握诗的内核等方面来指导我们写导读语，以此来理解诗歌。

我第一次写导读语，根据前几次讨论的成果，又重新把选出来的五十多首诗分成了"我是谁""我心浪漫""我心善良""我心快乐""我心寂寞"五个小主题，并给每首诗写了导读语，还写了每个小课程导读语和总结语，写了整个大课程的导读语和总结语。7月29日晚的讨论，让我知道了我的导读语完全没有把握诗歌的内核，只是把诗歌进行了一次大串连，是根本不行的。我庆幸有这样的讨论，有这样的穿越，否则真不知道自己会把什么样的课程带给孩子们。

面对这样的失败，我心里的失落与自卑真是无法言说。但我不是那种遇到失败就放弃的人，不是那种自卑就会沉沦的人，我有超越自卑的欲望，我希望自己成为真正能掌握课程的人。于是，我再一次根据讨论成果，重新为每首诗歌写导读语。

这一次写导读语，心里总是想着怎样去把握诗歌的内核。那几天，头脑里只有金子美玲的诗歌，自己一天到晚想的都是导读语怎么写。到了8月1日讨论时，我已经再次写了近一半的导读语。

8月1日的讨论毛虫们沉默了，也许是因为自卑吧。马老师见只有她、干老师和我发言，就停止了讨论，目的在于真正修炼大家的技艺。讨论停止后，我也想了很多，也和小风习习讨论了很久，小风还在群里发了魏老师网师班会中的一段话来鼓励大家超越自卑。那天晚上的讨论还是无果而终。

夜深了，我久久不能入睡，在电脑上敲下了如下一段文字，想在第二天早晨发在群里，与大家共勉：

三年级毛虫们：

今天晚上的讨论因没有人发言而中断了。我和小风一直都在思考不发言的原因。我们觉得还是源于我们太自卑。说老实话，29日晚上讨论后，我特别沮丧，写了那么多导读语基本上都不能用。不要说与干老师、马老师写的导读语比，就是与你们写的导读语比，我也觉得特别自卑。但自身的存在状态就是如此，如果自卑下去，就无法改变自己；尽管写来没有用，但自己去写了，也就在诗中穿越了。当干老师、马老师出示他们写的导读语时，我就有种豁然开朗的感觉，所以我尽管写得很不好，尽管写了也用不上，但必定是自己的一个修炼过程。再说得功利点，我自己写了，抛出去的瓦碎片却挽回了金子（不敢用"抛砖引玉"这个词，因为自己写的连砖都称不上）。所以，毛虫弟弟妹妹们，我们应该加把油，努力把自己应该做的事做好，然后，在干老师和马老师引导我们时，积极参与讨论，才能珍惜自己的珍贵的生命，才会发展你——作为教师的你。我知道，许多毛虫都写了，因为干老师和马老师写得太好了，所以，就不好意思发自己写的了。你们想想，自己在上课时，如果学生没有反应，你怎么知道怎样引导他们呢？同样，如果我们大家都没有反应，干老师和马老师又怎样引导我们呢？所以，我们不应该不好意思，而应该把自己写的发出去，让讨论热烈起来，我们才会有收获。毛虫们，加油吧！准备好了就与我联系，到时，我们再请马老师、干老师一起与我们讨论。毛虫们，加油呀！

没想到，那晚小风也难以入眠，她给马老师写了一封长长的信。马老师在她的信中知道了第二天是她的生日，8月2日早上早早地起床为小风准备生日诗歌。干老师还把诗歌进行了改写送给小风。我和许多大毛虫亲历那朴素而华美的生日庆典，我忽然明白了晨诵、生日诗怎样与学生的生命、与自己的生命结合起来的真谛；我明白了生日送诗的意义。我也知道了，我昨晚写的那段话不必发了，马老师、干老师通过生日送诗的方式已经能很好地解决大毛虫们自卑的问题。在这样的穿越中我又有了一次顿悟，这为我下半年的生日送诗带来了许多便捷。

金子美玲的诗歌课程讨论结束了，毛虫们又各人领了任务制作课程的PPT。当伙伴们把自己做的课程PPT上传到共享后，我发现我再也不愿意用别人做好的现成的PPT了，总觉得别人做的与自己的生命有隔，与自己班级学生的生命状态有隔，总会在同伴的PPT上做许多修改。这也是自己经历的暑假穿越的结果吧，这也是成长的表现吧。因此，对那些领了任务没有完成的人，我不再追问，而是自己制作，我想，与其我去修改别人的，还不如让自己去穿越，那样效果会更好。

就这样，我把整个课程中用的42首诗的PPT全部做了一遍。这又是一次穿越。如果按怀海特的理论来看，这一次应该是"综合"的过程了。在这一过程中，我对技术怎样为诗歌服务，怎样利用技术让诗歌与学生的生命体验结合起来，又有了明确的认识。这让我在晨诵的操作中又轻松了许多。

接着，我们又开始了"谢尔大叔幽默之风"的课程。因为有暑假的讨论，因为自己独自穿越了"金子美玲之心"的全课程，在做谢尔大叔的晨诵时，也觉得轻松了许多。

"谢尔大叔幽默之风"我们做了5周，孩子们可喜欢谢尔大叔了，80%以上的人买了谢尔大叔的诗集与绘本故事，近段时间都沉浸在谢尔大叔的诗集里呢，他们要自己走完剩下的几步。

现在，我和孩子们穿行在《声律启蒙·笠翁对韵》中。这对于我来说也是一次全新的穿越。与其说是带着孩子们为今后的农历课程打基础，倒不如说是为自己今后做农历课程打基础。我知道，我的中国古诗词的基础极差，在网师《唐宋词十七讲》的过关作业勉强过关，而《人间词话》的过关作业自己根本没有能力去做，现在先给自己打打基础，放假后，每天用短信的方式带领孩子们继续穿越。不管孩子能读多少，我自己都要把这本书读完，在明年再重修网师的《人间词话》，到时做农历课程时，也许会好些吧。

在晨诵中穿行，在诗歌中穿越，我和孩子们都向着明亮那方生长了一大截。

共读——行走在黄砖路上

从二年级下学期开始，我们班就开始了整本书的阅读。

为了这整本书的阅读，我们在一、二年级讲了100多个绘本，又要求亲子共读了格林童话、安徒生童话、《小熊温尼·菩》《笨狼的故事》《木偶奇遇记》等书。二年级下学期一开始，我们就在班级开展了共读整本书的活动，同时每周坚持做绘本的读写绘。

在马老师的建议下，我们从《我和小姐姐克拉拉》开始共读。《我和小姐姐克拉拉》一开始的故事就深深地吸引了孩子们，他们边读边笑，边读边手舞足蹈，把书中的故事再现出来。每天我们读一章，读完后，孩子们都要讲一讲自己类似的故事，我教他们用图画、用文字把自己的故事记录下来。在不知不觉中他们学会了联想式批注。

在还在读《我和小姐姐克拉拉》的时候，我们就开始了表演书中的故事。孩子们完全沉浸到故事中去了，他们完全忘记了自己，也忘记了自己害怕上台面对全班同学的事。杰杰是一个倔强的孩子，在二年级上学期的一次全班性朗诵诗歌的活动中，他无论如何就是不上台朗诵，许多同学要陪同他一起上台，他就是当着全班同学的面大哭也不上台。没想到，在表演《我和小姐姐克拉拉》的时候，他参与到了表演中去，他完全沉浸在了故事之中，前后分别参加了两个小组的表演。从那以后，他既敢上台表演，也敢上课发言了。

接着，我们又共读了《小猪唏哩呼噜》《苹果树上的外婆》。这几本书的共读我们都是一边读，一边做读写绘，一边表演，也不时地在书上做一些联想式批注。

暑假里，我要求亲子共读《香草女巫》《女巫》和《四季短笛》。《香草女巫》《女巫》按我提供的讨论题，亲子讨论后，把笔记记录下来或者发在班级帖子上，或者开学时交到学校。《四季短笛》则要求孩子每天进行一则读写绘，开学时，每个孩子都有一本属于自己创作图画的《四季短笛》，我们还在班级进行了评比与奖励。

进入三年级，我们开始共读《绿野仙踪》，总体是按"浪漫——精确

——综合"这样的节奏来进行。

在进行《绿野仙踪》的共读前,我自己先把书看了两遍,然后在教育在线上找到陈美丽老师指导班级共读《绿野仙踪》的帖子"'整本书共读'三年级《绿野仙踪》(陈美丽,三二班)"反复阅读,学习陈老师的共读经验,设计自己的共读方案。在设计共读方案时,采用的是陈老师共读的讨论题。陈老师的讨论题中的这道题"飞猴在这本书中起到了很重要的作用,请你说说飞猴的故事"引起了我的兴趣,我当时就在想,飞猴在书中起了什么作用呢?飞猴为什么对主人的帮助只有三次呢?这有什么寓意呢?这对于孩子们来说又有什么作用呢?但我想了想,一个问题都回答不了,可我一点也不着急,我知道只要我带着孩子们一起穿越,经过穿越以后,需要讨论时,肯定会有答案,而且是与自身经验相关的答案。我把问题存在那儿,只等时机再说。

第一遍,我们分角色朗读,这一遍从全书的共读来看应该是浪漫感知阶段吧。其实在这浪漫中,也包含着精确,比如怎样才能读出人物的个性特点,怎样的朗读才更符合人物性格。这都需要孩子们在事前去进行练习。在朗读时,其实又是对书中人物对话的综合运用。

第二遍,我们按照题目进行讨论,这一遍应该算是精确理解阶段。在讨论时,学生细读相关部分,然后根据讨论题目进行批注,接着进行班级交流。在进行班级交流时,要求所有孩子都边听边想,在讨论后,要归纳出本次讨论的要点,最后把这些要点记录下来。在这一遍中,我们把训练孩子们自动化书写的能力融合了进去,孩子们在精确理解本书主题时,也进行了各种读写的精确训练。其次,在这一遍中,我们还设计了相关有难度的活动,让孩子们去挑战,让他们真正把书上的经验与自身经验结合起来,不仅让孩子以书中角色自居,还让他们真正地走在自己通向梦想奥兹国的黄砖路上。

在这遍讨论时,在讨论到有关飞猴的问题时,我上面所提到的问题都得到了圆满的解答。特别是飞猴为什么只帮三次的问题,孩子们理解得非常好。现在"飞猴"已经成了我们班的密码。当有人要寻求帮助时,肯定就有人提醒:"向飞猴求救只有三次哦,还是先自己想办法解决吧!"或者有人干脆就说："这样的问题就让你陷入绝境，让你向飞猴求救啦?"寻求帮助的人就去自己想办法解决了。

第三遍，让孩子表演童话剧。这一点前面已经有详细的叙述，这里就不多说了。

班级共读，我们还差得很远呢，我们还继续走在追求梦想的黄砖路上。

生日送诗（故事） ——因此而明亮

孩子们过生日，二年级时送的是故事，进入三年级变成了送诗歌。

还是说说上半年生日送故事吧。说老实话，小时候，看过许多"娃儿书"，长大后，再也不看这些"娃儿书"了。进入儿童课程后，才开始看绘本，想想就知道自己的储备量是何等匮乏，每当看到常丽华送的生日故事是那么地切合孩子的生命时，就为自己的匮乏而难过。这还不算真正难受的，最难受的是，孩子的生日临近，自己却找不到合适的故事，真叫热锅上的蚂蚁，急得团团转哦。有两次走到绝境时，马老师还充当了"飞猴"，救了我一把，我才把孩子的生日给过了。所以，只要有时间，就在网上或书店去看绘本，看到有用的就把它储存起来，好在孩子们生日时用。

下半年进入了三年级，送生日诗了。我暑假时，买了金波的诗歌集，准备用来晨诵的。后来书就成了我选生日诗的"园子"了。一是我的诗歌储存量特别匮乏，二是我觉得金波的诗歌不深，对三年级的孩子刚好合适，我干脆用他的诗歌来做一个生日课程，让他的诗歌与这学期过生日的孩子相关联。从9月16日丁致远过生日开始，到1月2日陈柯洁的生日结束，我们班这学期已经有20个孩子过生日了。这个月还有3个孩子要过生日，我还将用金波的诗歌来送给他们。

嘿嘿，想想我还真有点"牛"，一学期的生日送诗只送一个诗人的诗歌。这让我本来准备晨诵金波诗歌的计划变成了在生日课程中的一个隐形课程了，因此也取消了这晨诵计划，改成了晨诵《声律启蒙·笠翁对韵》选读了。

一年来，每当孩子过生日，我都要送给他们特殊的生日礼物，这样的礼物他们特别期待，也特别重视。他们也因这样的礼物而改变。

　　亮亮，小时候因为妈妈生妹妹时，被送回过老家，他一直用各种不正当的方式来引起人们的注意，用这样的方式来寻求爱。可想而知，他会遭受到怎样的挫折。进入小学后，我一直用向他表示我爱他的方式来引导他。在他去年过生日时，我送给他的生日故事是绘本故事《永远爱你》，通过绘本，我向他表明了不管他是什么人，我都永远爱他。从那次生日后，他明显改变很多，能够用我希望的方式来赢得我的爱。今年我又用金波的诗歌《叶笛》来送给他，并针对他的优点进行了改编，赞扬他读书声和发言声。从那以后，他更爱读书、更爱发言了。想想，当一个孩子专注于发言时，他的纪律还会成问题吗？

　　孩子们在一个个故事、一首首诗歌中变得明亮起来；我也在一个个故事、一首首诗歌中走进孩子们的心里。他们看到过的东西一定会变成他生命里的东西。这不，今年我过生日的时候，他们也送给我一首诗，为我举行生日庆典；上周他们又为班主任龙老师举行生日庆典。幸福呀，这就是当老师的幸福！

　　生日送诗（故事），孩子们和我都因此而明亮起来。

道德图谱——我要做个好孩子

　　去年加入网师就是因搞班级道德图谱而起。今年虽然可以选《第56号教室的奇迹》这门课程，但我仍然没有选。我认为，我如果没有搞出一个像样的课程来，我是没有资格去做这门课的过关作业的，我要像秦汉那样，用自己的课程来说话。

　　今年虽然没有学习这门课程，但我不断地在阅读《第56号教室的奇迹》，还特别关注这门课程的成果。因为我还没有搞出道德图谱来，我班的德育课程还处于一种盲动之中，我必须改变这种状况。

　　当看到干老师9月12日发的周日静思《中国教室里的道德人格图谱设计——网师〈第56号教室的奇迹〉课程思考》时，我高兴极了，赶紧阅读，赶紧拿来用。

我给家长写信，说明了开展德育教育的重要性，说明怎样对孩子们进行德育教育。随之，我给孩子们讲了道德人格图谱，又设计了班级《我要做个好孩子》的评价表和奖惩条例，让孩子们根据表格要求和奖惩条例每天进行自我评价，一个月老师在班级按自我评价来进行奖励或惩罚。刚开始时，孩子们都能每天按表格进行自我评价，但一个月后，因我没有参与到班级管理的整个过程之中而让总评无果而终。这样涉及班级管理那部分就基本处于瘫痪状态。我只是每天早上在教室的黑板上写上一句话，鼓励孩子们努力做个好孩子，只是在我的语文学科方面坚持这样的评价，并定期给孩子奖励。

我还不够强大，我还没有在班级工作中"立"起来，让这块工作处于半瘫痪状态，每每想到这块工作，我的心啊沉得几乎提不起了。怎样让自己精神和道德上尽职守责，在智慧与能力上应付自如，让班级的德育工作蓬勃地开展起来，还需要我不断地努力。

努力吧，道路崎岖且长远，我怎么能跩得起来呀！不管怎样，我也要做个好孩子，我也要带领我的孩子们做个好孩子。

有喜有忧，有笑有泪，这就是2010年的儿童课程。

三、经历，我心更坚

2010年，对我来说是比较平稳单纯的一年，仍然是一个班的语文教学工作，心无旁骛，专心于自己班级的儿童课程和网师学习。但有几件事对自己影响还是很大的，必须在这里说一说。

夏洛织字——为我的生命而活

我的《2009，我心未老——年度叙事》在轻松而得意的心境中写成，那是我一年生活的真实记录。没想到在发在教育在线上的第二天，魏老师就向网师同学们推荐了我的阅读史。我当时真不明白，为什么要推荐啊，不就是做了自己应该做的事吗？更没想到的是，竟然还能评上"十佳阅读史"，天天盼望干老师早日点评，想弄明白自己为什么被他们赞扬。

干老师终于点评了。我迫不及待地读起来，也许是激动吧，读几遍也没有太明白干老师的意思。第二天，慢慢地阅读，终于明白了，干老师是在解读我的生命，我有永远不熄的生命原动力。啊，我有永远不熄的生命原动力，这是多么美好的生命啊，我得倍加珍惜。怎样珍惜？我继续读着干老师的点评：

> "要燃烧你自己，然后，你的四周就有了光。……生命的燃烧，是生命激情向世界宣告：我在此，温暖而且明亮。但是生命的燃烧在持久而且壮大，就必须把伟大的事物投注到这生命之火中，否则它会匮乏，或日渐黯淡。……为我的生命而活，为我生命最后的尊严和光辉而活，向世界要一个真正的证明……"

我明白了，其实很简单，珍惜美好的生命，用伟大的事物让自己的生命之火熊熊燃烧，让这燃烧的烈焰来证明自己生命的价值；再说简单点就是"学而时习之""己立立人，己达达人"；网师学习不能放弃，教室里的事情更不能放弃。这应该是我生命的意义吧。

干老师的点评，真是夏洛为我织的字！2010年的伊始，我明白了我生命的意义——为我的生命而活，为我生命最后的尊严和光辉而活，向世界要一个真正的证明。

我知道：2010年，我会继续行走在新教育的路上，我会坚定地向我的教室深处走去。

榜样的光芒——自卑走向超越

2010年4月，我又一次读到了常丽华老师的案例，她的儿童课程完美得让我震撼，也让我深深自卑。每天都在想怎样把自己班上的儿童课程变成常丽华那样。在4月30日那天的《给教师的建议》的授课上，魏老师又展示了常丽华的精彩案例。读着常丽华的案例，渴望常丽华课程的形式的念头再一次强烈地涌起，让我不能自禁，难以入睡，直到第二天，还折磨得我不能做任何事情。后来读了魏老师的《未选择的路——网师一周观察(10)》，明白了选择的路就要继续走下去，纵然我不能像常丽华那样把花开得如此绚烂，但也要努力地在教室里开出一朵属于自己的小小的花来。魏老师还给我鼓励，告诉我"努力创造，让存在展开，探索生命的可能性"。后来，又与干老师聊了聊这个问题，干老师简洁的话语更让我充满了自信。

> 每个生命创造自己，而不必为其他花朵而自卑。

我给自己一个规定，只要是榜样的帖子，都要尽量去读，去学习，去汲取他们的养分，来浇灌自己这株先天不足的弱秧子，让自己这朵小花开出来时尽量开得灿烂些。

从那以后，小风习习、快乐小荷、桃花仙子、紫藤物语、陈美丽、常丽华、马玲等老师的帖子是我必读的，在他们的帖子中，我学到了许多东西，更重要的是他们那种为理想而献身的精神让我在这条路上走得更坚定。

特别是新教育研究中心搬到罕台去后，新教育小学的四间教室成了我活生生的榜样。他们的帖子我是必读且反复读的。从他们的帖子中，我能找到努力的方向，我能获得紧跟他们前进脚步的动力。我知道，我与他们的差距大着呢，这点虽然让我无论如何也跩不起来，但我知道，行动会让我的脚步踩得更加坚实。

榜样的光芒，让我这棵自卑的小草走向了超越，超越自己，超越生命，向往那美丽的花朵。

华美年会——剃度为僧

参加桥西年会，第一感觉是累，第二感觉是华美，最大的收获是认识了一群剃度为僧的人。

参加年会，我想个个都累，那是不会多说的。

年会的华美，是我没有想到的。石家庄桥西，如果不是年会，也许这一辈子也走不到那儿去。去了，却在我的生命里留下不可磨灭的痕迹。

难忘啊，那华美的开幕式；难忘啊，那华美的新教育成果；难忘啊，那华美的梦想愿景；最难忘的还是那群"我心已在这里剃度为僧"的人们。

从桥西回来，我不管是闭上眼睛，还是睁着双眼，我的眼前全是闪现那群人的影子：杨超、魏智渊、马玲、陈美丽和干国祥。他们的一举一动总在我眼前浮现，我不断地叩问自己：他们对自己的理想已经达到了宗教般的虔诚，那么你呢，你自己呢？你能像他们一样追逐自己的梦想，达到这样彻底的程度吗？

于是，我坐下来，慢慢地回忆，回忆他们留存在我心里的美好印象，回忆他们怎样在追逐自己的理想时的所作所为。我慢慢地写，细细地咀嚼，当7月23日写完《我的心在这里剃度为僧》这组文章时，我也悄悄地完成了一次剃度，我对他们不仅是观之、仰之、爱之，我还要追之，我也要像他们一样，不浪费自己的生命，给自己留下一份"今生今世存在过的证据"。

病痛——我心更坚

年会中，就发现脚特别胀，鞋子挤得脚特别难受，有时甚至有穿不进去的感觉。年会回来，还在成都时，膝盖以下全肿了，吓得我赶紧回宜宾。当时向医生陈述的就是近段时间太累，化验也没有发现什么问题，真以为是累的缘故。但中医认为不可轻视，说是肾虚的表现，必须吃药。吃了一个月的中药，似乎是好的。没想到，一开学，脚又肿了，赶紧吃药进行治疗。

治病还没什么，却让我的情绪陷入了低谷，让我开始思考怎样面对病痛，怎样面对死亡。

在读魏智渊老师的《我的信仰是什么》后，我写下了这样几段话：

> 我准备好了吗？面对疾病与死亡。
> 什么困难都不怕，最怕的是疾病，其实也就是怕死啦！
> 怕死，我真的很怕死！
> 平时，别人赞扬我冬泳时，总是告诉别人那是因为怕死的缘故。

本以为是说真的，现在看来，那是说着玩的，那是在身体健康的情况下说的，觉得死离自己那么远；可是，当身体出现问题的时候，疾病逼近的时候，自己就没有那么坦然了，情绪陷入低谷。

这段时间，情绪特别容易激动，特别容易伤感！空间里一个朋友的留言也可以让自己潸然泪下。自己也没有搞明白是什么原因，自己也觉得自己的情绪怎么变得如此脆弱？一直想不通，我原来可不是这样的人呀！

今天读了这首诗，突然明白了，自己没有准备好面对疾病，面对死亡！

疾病、死亡，也会威胁你的信仰，让你在信仰与苟活之间动摇！

唱着歌走向死亡的精神境界不是哪个人都有的，要做到就更难了！

我要准备好，准备好面对疾病，准备好面对死亡！

那天读干老师发的图片《高原荒漠的野花》，只读到了任何环境生命都要向着明亮那方，都要开花。今天我又发现我还有一点没有读到，那就是只有抓紧时间，积攒阳光，开花结实的才能延续生命，第二年才会春风吹又生；那些花儿，有的在一夜的风霜中就被打蔫。虽然她们没有结果，但她们为自己的生命在努力地绽放，也曾经绚烂——哪怕只是昙花一现！这就叫唱着歌走向死亡！

明白了，只要是自己觉得"非这样不可的"，就要坚持！这就是自己的信仰！

面对疾病，面对死亡，这也是每个人"非面对不可的"！与其等有了疾病，临到死亡才面对，不如现在想清楚，怎样唱着歌走向死亡！

唱着歌走向死亡，也是我"非这样不可的"！

敲下这些文字，心里变得无比轻松！

因为生病，思考了怎样面对死亡，让自己的心更加坚定。真得感谢生病啊！

哈哈，原来冬泳是怕死，现在我不怕死了，冬泳也是为了唱着歌走向死亡。在冬泳中我会让自己更加刚毅。

坚定地去追逐自己的梦想，坚定地去开出一朵花来，已经成为明显的意识，让我随时都能发现让自己生命顽强的事物。如我在11月8日写的一则微博：

> 昨天买的一颗碧绿的花菜今天就开出了一层小黄花，生命竟然如此顽强——即使是离开了赖以生存的根与叶，照样绽放自己的美丽！我的生命能如此吗？

我现在可以坚定地说：我的生命就要如此！
身体的病痛，让我的心更加坚定。我只会走得更加坚实！

2010年，我心怀梦想，2010年，是我追梦的一年。在这一年里，我追梦的步子还算坚定，只是在追梦的路上走得并不远。

站在2011年的起点，我虽惴惴不安，却坦坦荡荡，在走过的一年里，我没有浪费珍贵的时间，我没有虚度这一年的生命。

在2011年新年钟声敲响的时候，我为自己敲下这样一行字：行动，就有收获；坚持，才有奇迹。"行动、坚持"这将成为我2011年的主旋律。

2011年1月11日

第三章 2011，跟着感觉走

从为自己的 2008 年进行年终盘点开始，到写 2009 年网师年度阅读史，再到写 2010 年生命叙事，最后到现在继续写 2011 年生命叙事，已经习惯于每年元旦三天假期一定要安排时间回顾自己一年走过的历程，不写就坐立不安，不写就根本无法做其他事情。只好改变写完学生生命叙事后再写自己生命叙事的打算，先写自己的生命叙事。

2011 年，我的生命状态就是如此，经常被内心的焦渴折磨，如果不去满足这种内心的渴望，我就寝食难安，度日如年。

2011 年，我的生命状态还经常处于一种大脑失忆状态。就如昨晚，我无法回忆我一年来究竟做了些什么事；更有甚者，早上的晨诵让我激动不已，晚上坐在电脑前，想把这美妙的时刻记录下来，但我已经没有能力回忆，甚至完全想不起晨诵的什么，至于怎样与学生对话、哪个学生说了什么，更是已经飘散得无影无踪。我深深地感到，我在老去！这是我无法回避的一种生命状态。

2011 年，我就是在这种尽量满足内心的渴望和与老去的抗争中走过来的，我就是这样跟着感觉走到了 2012 年。

一、 行动，无须坚持

昨天晚上在翻看去年的年度叙事时，看到结束语竟是这样一段话：

在2011年新年钟声敲响的时候，我为自己敲下这样一行字：行动，就有收获；坚持，才有奇迹。"行动、坚持"将成为我2011年的主旋律。

我笑了，笑自己当初的铿锵有力；我笑了，笑自己当初的幼稚与功利。是啊，一个教室里的农人，在一年的时间里，在耕种着，我可以自豪地说无愧于"行动"二字。我的行动源于我渴望我的教室里的每一棵幼苗都在我的呵护下，用自己的全力生长。可是我在坚持什么呢？我没坚持什么呀！我只渴望静静地守护着他们，至于他们开出什么花、结出什么果，是无须我坚持的，我只想看到他们不断地生长、生长……我发现我的行动已经远远地跟不上我内心的渴望，我已经无须坚持什么，我只能跟着我的感觉走！

我在行动着，我却无须坚持什么，这是这一年生命的成长，还是这一年生命的倒退？我不知道！那我还是来看看这一年，我跟着感觉，究竟有哪些行动。

2011年1月2日，我有这样一则微博：

读了干老师今天的文章，我深感惭愧，我不能像陈老师、马老师那样写出每个孩子生命中的每一点进步。我想这样来写，可是我能吗？我还没有走进每个孩子的生命！努力吧，下学期，我一定要写出这样的评语。

这时，我内心萌发了为学生写生命叙事的渴望，非常理性地希望自己在下一学期能写出这样的评语来。1月3日，看到了魏老师的微博发了严老师给李小龙写的生命叙事，看到了干老师对写这样的生命叙事提出的要求：

要每个孩子写得这样细致，就成功了。这个细致，不是说写具体的事，而是说观察得全面了解得深入。

当时看到这则微博，我理解了给学生写生命叙事的要求，明确了一个具体的目标。但在我的微博中仍没有看出要给学生写生命叙事的迹象。我继续翻看我的微博，在1月4日，我竟然写出了这样一则微博：

> 今晚，准备了两个孩子的生日与明天的晨诵，最终还是没有按原计划今天写完年度叙事。心理学作业、学生学期生命叙事（55人）、班级学期结束仪式、《教育人类学》的课……啊，这些都是浩大的工程呀，加油呀！

我现在完全记不住当时写这则微博时的内心感受，我只看到了一个事实，我已经跟着感觉走，要开始为学生写生命叙事和进行学期结束仪式和颁奖仪式的行动了。

找到了，在微博中找到了我2011年第一个跟着感觉走的行动。回看这跟着感觉走的行动，还好，这感觉不是什么内心贪婪与妒忌的欲望，是一心向榜样学习、一心想当个好农人的渴望，是一心要促进我那些幼苗茁壮成长的欲望。这样的感觉是一种向上的冲动，跟着这样的感觉走，能让自己的生命向上。

又在微博中查到了，1月14日写了第一个孩子陈麓伊的生命叙事，再后来我竟然在期末考试监考的半天时间内，一口气写了10个孩子的生命叙事。（现在我根本不能想象，当时怎么会这么神速。不过，现在回头看那第一张小板凳，真是幼稚，难怪能写得那么快。我现在一天只能写两三个呢。）在考试结束后，向学生们挑战：我要写完全班学生的生命叙事，加上做完结束仪式与颁奖仪式的PPT；孩子们则挑战寒假生活。当我写完全班的生命叙事、如期举行结束仪式和颁奖仪式时，孩子们也绝大部分挑战完了一个假期的《寒假生活》，为后面挑战生字赢得了时间。

我又看到了这则微博：

> ♯太阳花班记事♯今天一天只写了8个孩子的生命叙事，处于极度的低迷状态。这样也让自己看到了对某些孩子关注得还不够，没有

把他们的生命状况烂熟于胸，还要去查积累的资料才能写出他们的叙事。不过，在查资料的过程中，我看到许多平时不起眼的孩子，他们同样在顽强地生长，同样在创造生命的奇迹。对这些生命，如果平时关注得多一些，给的激励多一些，他们应该成长得更快。农民浇灌禾苗时每一棵都要特别关照，决不会落下一棵，不管它长得起不起眼；同理，我们在浇灌生命的时候，更应该这样。人多，不是理由，对学生的爱，有多少人就应有多少份，没有轻重之分！在低迷的工作状态下，有此感受也值了。

在这则微博中，我看到我在行动中成长了，在行动中我知道了要更多地关注每个孩子，更多地给孩子激励，看来跟着感觉走的行动让我在成长。我笑了，欣慰地笑了。

啊，这样的行动，源于内心的渴望，无须坚持什么，但带给自己和孩子们的是生命的向上与成长。

就这样跟着感觉走，我这一年有了以下的行动——

每周四次的晨诵，每天下午放学后一节课的共读，每篇课文都按理想课堂的要求来上，每天一条校讯通短信（包括寒暑假），每周一封致家长信（寒暑假除外），每学期三次家长座谈会，每学期一部童话剧，每个学生生日送上一首生日诗或一封生日信，每学期一次开学期仪式、结束仪式和颁奖仪式，每学期为每个学生写一次生命叙事。

在开始农历课程的那一天，我又多了一个行动，只要孩子晨诵，那天晚上8点，就在班级群里把晨诵的内容给家长讲一遍。

而这些，都是我的日常行动，作为一个老师的日常行动，是无须坚持的，是必须如此的，否则就不配站在教师这个岗位上。我喜欢做这些工作，我为我能做到这些而高兴；如果做不到，或做得不满意，我就会焦躁不安。

二、追求完美教室，无须坚持

完美，世上有完美的东西吗？没有！那肯定没有完美的教室，那还追求啥？嘿嘿，这样说来，就不是新教育的话语了，是无法再继续讨论的了。我就生活在这样的话语环境中，那我应该怎么办呢？

我渴望我的教室能成为新教育话语中的完美教室，但我知道，我不能打造出一间这样的教室，我命中注定无法拥有一间这样的教室。原因很简单，首先，我不是一个卓越者，我无法把我的学生带到那卓越的高地，我只有希望自己把他们带着朝向卓越。其次，一间完美教室的缔造，需要一个团结合作的集体，而我没有能力组建一支这样渴望缔造完美教室的队伍。更重要的是，如果把完美教室看成是一种结果的话，我宁愿不要这样的结果。否则，我就可能让我们班一群家长、一群孩子和我这个老师，那脆薄的船在欲望之海挣扎，而失去游戏的快乐。

我特别喜欢把老师比喻成农人，把教室比喻成农人的田地，学生就是那田地里的花花草草。当老师多愉快呀，耕种着一片神奇的生命，能看到那花草生长、不断地生长。我虽然打造不出一间完美的教室，但我渴望享受耕种的过程，我喜欢这耕种的过程，我渴望看到我那田地里的花草正在尽自己的全力，往上生长，而我就是让他们尽全力生长的那个农人。

一个农人，是不会嫌弃自己田地里的任何一棵幼苗，哪怕是狗尾巴草，只要是他田地里的幼苗，他就会尽全力去耕种，他就会竭尽全力去让他长得更茂盛，让他长得更毛茸茸的。我无须坚持去打造什么完美教室，我无须坚持去改造身边的环境，我只是一个农人，我只想把我这片土地中的狗尾巴草种得更茂盛、更毛茸茸的就行了。

因此，我不会坚持去追求什么打造完美教室，我只是适时地去适应花草的生长，促进他们长得更快点、长得更茂盛点罢了。

于是，我顺势而导，不强求每个人必须会什么，只是哪棵花草需要什么肥料就上什么肥，让他们每个人都发展自己的个性特长罢了。

敬星萌和李欣蔚写作、日记、读写绘都做得轻松快乐而且高效。对她们，我引进芷眉班级的小班主任制度，让他们一个当小班主任，一个当候补小班主任，每天写班级故事，一个在校讯通平台向家长报告，一个在班级群里报告，一个写班级课堂情况，一个写班级故事，提高他们的观察与写作能力。两个月的时间，敬星萌的报告总共写了约1.5万字（因受手机发送字数的限制，每天只能写 300 字左右；后来，又因她妈妈的手机不能把写的报道发在校讯通平台上而被迫停写）。李欣蔚在不到三个月的时间，写的报告已达 3.2 万字。这是多大数量的练习呀，要是再加上他们的习作、日记与读写绘，那他们是怎样的练习呢！

小班主任、候补小班主任诞生后，许多孩子都想当，都想写。怎么办？我找到了发挥家长特长的时机了。我立即给家长建议成立班刊编辑部，办班刊。于是，《追逐太阳》班刊编辑部成立了，12 个小记者身兼数职，采访、编辑、美工、排版……全部参与，热热闹闹、认认真真、郑重其事地开展活动。12 个家庭深度地卷入班级教育活动中，原定 12 月 10 日出版的报纸，还提前两天出版。而我这个农人，只是适时地出点主意，想点办法，促进活动，让孩子不断地生长，且能够长久地生长。

班刊的成功出版，为其他家庭深度地卷入教育活动提供了范例。现在有的家长正在筹划建立班级乐队，有的家长正在筹划建立班级书画社。我相信，随着一个个社团的建立，越来越多的家庭会深度卷入教育，越来越多的孩子会在这些社团中发展自己的个性特长。

每期一部童话剧的上演，不仅是共读的深化，同时也为每个学生的生命发展提供了一个模拟的社会平台。2011 年 1 月，在复习的时间，既排练又表演了《绿野仙踪》，让每个学生都体验了一把怎样克服黄砖路上的重重困难，有的孩子甚至是在黄砖路上"死而复生"的。2011 年 7 月上演的《人鸦》，编剧本、导演戏剧、演员表演、道具与背景制作，都是学生、家长自己完成。现在正在排练的《青鸟》童话剧，还要在《人鸦》的基础上，自己制作服装等。孩子们在童话剧团这个模拟的社会中成长，那是无法描述的。

我们虽然没有坚持打造完美教室，但我们却在引导孩子们全面发展，不断地促进他们走得更远，让他们长得更茂盛、更快点。我们像做游戏一样快乐地把孩子们带着朝向卓越，我们已心满意足。

这一年，我就是个农人，一个快乐地在自己田地里耕种的农人，我无法改变自己的不能打造完美教室的命运，但我却可以让我那片田地的花草尽自己的全力，努力地生长得更茂盛，即使是一棵狗尾巴草，我也要让它长得毛茸茸的。

生命，有一年是以这样的状态存在，是多么快乐，多么幸福。有了这样的快乐与幸福，至于结果是不是完美教室，已经不重要，重要的是我这个农人也好，那些幼苗也好，还是那些护花使者也好，都在这些快乐的游戏中不断成长，不断去朝向卓越。这时，如果还硬要说什么坚持追求完美教室，是不是有点荒唐。

三、 经济制度，渴望又放弃

班级经济制度，在读《第56号教室的奇迹》时，最不喜欢的课程就是它了，当时的第一感觉是我不会选择用这样的课程。

表面上，我认为那是资本主义社会的产物（嘿嘿，真有点左哈，完全是："文化大革命"的语言），与我们的社会环境不一样；内心深处，我刻着一个不知是听来的还是看来的故事：一群小孩子在一个老太婆家前的草坪上踢足球。孩子们的欢呼、喧哗，老太婆真是受不了。她真想立即把孩子赶走，可是她没有那样做。第一天，她笑嘻嘻地看着孩子们踢球；第二天，她以同样的态度看球，还拿出吃的、喝的来慰劳孩子们，随后每天的东西逐渐增多。当孩子心心念念为那吃的、喝的来这儿踢球时，她突然中断了给孩子们吃的、喝的，仍然笑嘻嘻地看着孩子们踢球。两三天后，老太婆仍然没给他们吃的、喝的，照样看孩子们踢球。孩子们愤然离去，他们说凭什么她不给我们吃的、喝的，我们还要踢球给她看。从此，老太婆门前清清静静的，再也没有孩子到那儿去踢球了。

在班级平稳时，我能非常理智的不考虑用经济制度，但在班级处于躁动时期，我又多次萌生用经济制度的想法，因为我知道，使用经济制度会收到立竿见影的效果。在三年级上学期，我开始了"道德发展三境界六阶段"的首先人格课程，因为没有与活动结合起来，而是与奖励笑脸结合起来，基本上是失败了。我沉不住气了，开始谋划经济制度。可还没等我谋划好，班级出现了个别孩子在街上买东西来高价卖给同学，自己从中谋利的事情；还有孩子出钱让同学为自己背书包，甚至有人犯了错误出钱来买同学给自己保密……一系列的事件让我追根寻底，我发现这样做的孩子家长都是做生意的，也许是耳濡目染吧。我立即打消了在班级实行经济制度的念头，另寻他路。

三年级下学期，我把道德人格课程与《人鸦》共读结合起来，与《人鸦》童话剧结合起来，孩子们的状态真是好呀。我笑了，也忘了经济制度了。

这学期开始，经过一个暑假，孩子们回到学校完全处于失控的状态，只有我和班主任在教室，孩子们才能处于一种正常的状态学习。如果上其他课，纪律就很差，甚至教导主任在我们班试教，教室后面还坐了一大群学校领导（我和班主任不在场），许多孩子的纪律涣散得完全游离了课堂。这时我又想起了经济制度，又想在班级搞一搞。当时我们班的班主任还不太同意，我左说右说，把她给说服了，她同意我先把方案搞出来试一试。她自己先在班级实行操行分的评比制度。

就在我再次准备之际，芷眉班级经济制度出来了，我高兴地与芷眉联系，甚至还要了小蚂蚁班班币的样本，准备制造我们的班币。我看到芷眉的小蚂蚁班的效果，我憧憬着我们班搞了经济制度后也能成为小蚂蚁班的样子。这时，许多新教育的老师们都为此而兴奋，大家跃跃欲试。只有干国祥老师非常冷静地说："搞经济制度要慎之又慎，它毕竟是把双刃剑。"我突然猛醒，我想起了那个故事，我想起了我们班学生曾经出现过的问题，想起了班级学生的家庭环境，我再次毅然放弃了搞经济制度，再次把道德人格课程与班级共读结合起来，与班级活动结合起来，带着孩子开始寻找"青鸟"了。

我无比渴望引入《丑小鸭》的共读，无比渴望读到《青鸟》的《幸福花园》部分，无比渴望读到《新月集》的相关篇章。但我得一步一步来，我告诫自己，别急，慢慢来。我又开始了在班级不停地树立榜样，再次讨论怎样落实班级日常行为规范，怎样达到一个优秀学生标准。讨论过后，我和班主任进教室，纪律真的是很好，但上其他课很多孩子还是不能自觉地遵守纪律。

语文课学习童话单元时，我引入了《自私的巨人》和《丑小鸭》的学习。这两篇童话的学习，我们进行得很慢，我试图不断地与学生的生命体验结合起来。特别是《丑小鸭》的学习，天鹅蛋代表着怎样高贵的心我们讨论得更细，我想激发孩子们内心向上的欲望。在讨论《丑小鸭》的同时，我再与各学科老师联系，告诉他们我们的课堂要求是"活而不乱，静而不死"，对每个学生要求自己内心渴望向上，拥有天鹅蛋一样高贵的心，希望他们用班级密码来与孩子们对话。

可是，在上体育课时，男孩子们集合时纪律涣散，小侯老师问他们："你们高贵的心呢？"一个男孩子脱口而出："郭老师不在，我们高贵的心就没有了！"（后来，说那话的孩子主动向我解释了，他是在描述当时的一种真实的状况）当小侯老师告诉我时，我真是哭笑不得。

正好，第二天我们晨诵泰戈尔的《新月集》中的《玩具》。我们讨论什么是游戏的快乐，怎样享受游戏过程的快乐，讨论当郭老师在时，你的高贵的心就在，郭老师不在时，你的高贵的心就不在，这还是不是有高贵的心，还是不是在享受游戏过程的快乐。孩子们似乎明白了自己内心渴望向上与别人的评价的关系，似乎明白了怎样才能展现自己高贵的心了。从那天起，除语数课之外的其他课明显地好转，再加上小班主任和候补小班主任每天的报道，让家长知道了孩子们在其他课上的情况；我每天给家长的短信中也不断地要求家长们要引导孩子们内心渴望向上，要内心渴望自己有高贵的心，而不是别人强迫你有高贵的心。

就这样，每天都树立有高贵的心的榜样。到读了《青鸟》中的《幸福花园》，到讨论了自己身上哪些是粗俗幸福，哪些是高雅的大幸福后，孩子们的面貌真的发生了根本性的变化，上其他课，孩子们终于能自觉遵守纪律了，真正开始内心渴望自己能抛弃粗俗幸福，寻找高雅的大幸福了。

班级面貌发生了变化，也还有许多不如意的地方，也还有许多孩子的学习没有去尽全力，做事还没有高质量完成。我想，这都很正常，还需要我与孩子们、家长们共同努力，习惯的养成非一日之功。

我在经济制度的抉择上同样是跟着自己的感觉走，否决，渴望，放弃；再渴望，再放弃。我真的不想用经济来刺激，我怕孩子们成了故事中那帮踢球的孩子，我怕双刃剑发挥副作用。

四、 放弃，再放弃，还是放弃，何来坚持

这一年，感觉记忆力明显地衰退。开始是当天的事如果不记录，过一两天就想不起究竟做了什么。慢慢地，到下午甚至想不起晨诵了什么，到晚上想把早晨或上午的情况记录下来，就已经想不起当时的情况了，有时即使想起了当时的情况，写了上句，就写不了下句，写上一两千字的记录，可能就得花上两三个小时，这对我来说，代价太大。上学期开始写了一段时间的记录，后来索性放弃了记事，实在想写的时候，就以简短的微博代替。但微博真的无法代替教育教学的叙事。

七月份在罕台共读，结束时，干老师对罕台新教育小学的老师要求，每周必须写记事，底线可以是一则微博。干老师布置这个任务时，我就知道，只要坚持这个底线，那做出来的就不是一则微博了。我当时也告诫自己，不能再以微博来代替记事了，必须与自己的记忆进行抗争，即使简略，也要写一写。

开学了，经过一个假期的修整，精神状况好多了，我又开始了每天的记事，一周进行一次整理，完成一周的叙事。这样一直坚持到了10周，到了11周时，我也不知道是因为病了，还是因为太忙，没写叙事，心里纠结异常，天天告诉自己补上、补上，可是就是没时间与精力来补。这样12周又没写，13周更纠结，我发现自己似乎进入了一种恶性循环，越纠结，越写不出来，越写不出来，越纠结。到14周，毅然决定放弃写，心里一下子轻松了许多，做其他事的状态也好多了。实在想写的时候，就写点零星的记录。有大的事情的时候一定写一则微博记笔账，以备自己今后查阅，知道自己究竟做了些什么事。

这一年，教育教学叙事，就是在"想写——放弃——再想写——再放弃——彻底放弃"中走过来的。

这一年，除了放弃写记事外，还有一次放弃，到现在还一直梗在我心里。

上学期童话剧《人鸦》成功演出，陈校长一高兴，在校长基金里拿出

1000元钱来奖励孩子们。在这学期学校开学典礼上，要举行奖励仪式。奖品由我自己决定。

　　左思右想后，我决定买本书来奖励孩子们，希望陈校长给每个孩子都写上寄语并签名，给孩子们留下自己创造的第一份有意义的奖品。陈校长答应了我的要求。在买书时，一个孩子一本书，还不到1000元，我们就把结余的钱用来买班级书柜里的书，再加上书店又给我们打了折，就为班级书柜添了30本书。80多本书，陈校长一一地写下来，我也不知道他写了多少时间，心里好感动。

　　开学典礼后，陈校长找到我，希望孩子们再为学校表演一次，并与我商量表演的时间。我当时的要求是尽快，最好是在一两个星期内，这样不会影响我们这学期的共读。因为在假期里我就安排好了，一开学就共读《青鸟》，在《青鸟》读完后，排练同时共读《一百条裙子》和《波莉安娜》。

　　这时，陈校长才告诉我再演一次要请区里的相关领导和其他学校的校长们，同时还作为学校的一个读书课题的结题展示。要请这么多人，课题组还要作准备，在开学的一两周有点困难，希望能推迟点。虽然我一再强调推迟了对学生生命成长不利，但我还是作了一些妥协，最后定在9月20日左右表演。陈校长召开了相关领导开会，研究与安排好表演的相关事宜，然后就外挂学习去了。

　　我呢，只得放弃原定的计划，改变为先读《一百条裙子》。9月9日，我给相关领导打电话，说我要开始《人鸦》的排练了，准备迎接9月20日的演出。这时，那位领导对我说，课题结题的准备还没做好，还需要等一等，叫我别急着排练，等要演的10天之前再排练，到时通知我。

　　我就这样傻等着，其间打过电话过问，但得到的答复都是时间没定。我真的无语，学校安排的事，竟会如此。读完了《一百条裙子》又开始读《波莉安娜》。《波莉安娜》都又要读完了，还没有消息。到第9周结束时，我突然意识到，如果再不读《青鸟》，到时我们就有可能排练不完童话剧，期末演不了《青鸟》童话剧。

　　没办法，只得让自己和家长带着孩子挑战了。我决定，第10周的半期复习放在家里由家长带着孩子挑战，我在校用所有的语文课和下午的共读时间把前面损失的时间抢回来。

这样我们才开始了准备已久的《青鸟》课程，但因为在抢时间，共读讨论还是显得仓促了点，特别是在生活中再度去体验故事，不像共读《人鸦》那样，每天下午读点讨论点，时间拉得比较长，学生不仅在故事中自居，而且能在生活中不断去上演真实的顺着嘴巴的方向往前飞，在生活中把故事吻醒。

后来，《青鸟》在时间的安排上基本理顺，顺利地开始排练等工作，我们才开始"上演"真人版《青鸟》了。

《人鸦》的再度表演，就这样无限期地延续着。我现在还梗着，不是要再演，而是对自己轻易妥协，轻易放弃原计划而自责，本来我们可以走得更从容，让孩子们有更多的时间在生活中去体验寻找青鸟——虽然这是需要用一生去寻找的事，但我更希望在进行课程的时候，孩子们有深刻的寻找经历。

也许是上天有意要考验我们是否要真正寻找自己的青鸟吧，11月底还是12月初，学校召集了年级组长开会，传达了三、四、五年级各科老师要做好应对区抽考的准备。这时，我还有三个多单元的课没有上，虽然我已经安排好，我有两个周的复习时间，足够了。而我们的《青鸟》童话剧正进行到高潮的时候，排戏每个周六下午进行，可制作道具与服装我还想利用美术课与音乐课来进行呢。这下不行了，只得放弃要课来做道具与服装的想法，让家长们带领孩子在家试做，等待时机，再做道具与服装。我这时必须做这样的放弃，我必须要服从学校想要在区抽考中取得好成绩的需要，去做些应试的准备，但我仍然下午用共读的时间进行《青鸟》童话剧的相关工作，仍然是每天早晨晨诵，用语文课的时间复习。

12月26日，得知我们四年级数学学科被抽考。27日开始我就得全力支持数学老师的应考工作了。数学老师教两个班，她要考试，我就帮她监考，让她到另外一个班去。就这样，下午放学时，王校长还来找我，虽然说话非常客气，要我全力支持数学老师的应考工作，但我听出来了，意思是我晨诵、共读占用的时间比较多，怕数学老师没时间了。为了学校，我这时只得放弃了共读、放弃《青鸟》的一切工作，全部时间让给了数学老师来处理，甚至上午我的语文课，她要我也给，反正一切时间都由她来安排了，她不用的时间我才进教室晨诵与复习语文。

元旦三天假期本来是要排练的，但因为数学6日抽考，我也只得放弃元旦的排练，让孩子们专心复习。元旦过后，从3日下午起，我就得到区里参加政协会（可能好多沉浸在教室里的人都有这个问题，因为自身的努力，学校给你荣誉，但就得被迫离开自己不愿意离开的教室），直到7日结束，等我8日返校，那天就是语文考试了。9号是集体改卷，肯定不能排童话剧的，那就只有10、11日两天时间了，服装、道具与背景都没做好。这时，我又只得放弃12日放假这天的结束仪式、颁奖仪式和童话剧的表演了。

思来想去，并与孩子们、家长们商量，最后我们决定，13日起开始继续排练，做道具、服装与背景等，根据排练情况再决定什么时候表演与举行结束仪式、颁奖仪式和寒假前的家长座谈会。

这就是我这半年的生存状态，向环境妥协，放弃原计划的执行，不断地改变自己的生存方式。我们的童话剧与结束仪式，虽然比应该进行的时间晚了一个周或更多的时间，但毕竟我们生存了下来，继续行走在在追寻青鸟的路上，那就权当是上天对我们的一次考验吧。庆幸的是，没在考验中倒下，这几天家长们已经行动起来，正在积极想办法制作服装，大部分的动物、植物服装已经有了着落，青衣小孩的衣服已经构思好式样，准备去买布来做。

五、读书，完全坚持不了

这一年，最难启齿的还是读书，可以说完全坚持不了了。

这一年的开始，还完成了约1.9万字心理学的作业，完成了约9千字的《教育的目的》的作业。完成这两样作业，在我记忆里似乎是那么的遥远，如果不是翻看微博，我已经完全想不起我还曾经做过这两样作业，还竟然写了那么多字。这两个作业，虽然是在2月写的，但读这两门课的书，应该主要在去年，做作业时的阅读主要是复习性的，不应该算是今年读的书了。

这两门课带给我的好处是，看学生的眼光变了，变得更理解与绝对信任了。我想，今年没怎么读书，但今年的共读与童话剧课程，与这两门课奠定的基础太有联系了。真应该感谢去年自己还真正地静下来读了这两门课的书。

寒假，除了完成这两门课的作业，还阅读了有关文本解读的书，魏老师要求看的书看了一些，真记不住看了哪些书，我也不想再为写这叙事去翻阅了。但我清楚地记得，班级每个孩子统一买的书，我全看了，而且至少看了两三遍，并设计亲子共读思考题，设计班级共读题。翻得最多的是《特别女生萨哈拉》《夏洛的网》《人鸦》，还有《影之翼》。寒假的其余时间，都在准备开学后的课程。

这个时候，我已经明白，我在网师已经开始坚持不了了，我只得作一些放弃，否则就要影响教室里的事。为了我的教室，我必须要放弃一些东西了，学会放弃，才能学会保全。我要保全的是我在教室里有足够的精力来做事。我必须把教室里的事做好了再谈网师的学习。

开始选课了，亚敏很纠结，不知道选什么。嘿嘿，我是个懒人，也有懒人的办法，反正是要赖在网师的，反正要把网师的课学完，有些课现在不行就等我退休后再学，现在主要是从自己的时间来考虑，最好选在班级忙的时候不上课的学科来学。哈哈，还真有那么一门文本解读，只平时做作业，在学完之后没大作业，也就是在学期结束我最忙的时候，它不会占用我的时间。太好了，就选它了。

三月开学了，跟着文本解读的课程读着一些书，记得最清楚的就是，读《孙绍振如何解读作品》，读得津津有味，也在书上作了一些批注，归纳了他的解读方法，可是要我实战，好像是牛啃南瓜——下不了口。读那几本什么《巫婆一定得死》之类的书，是因为在2009年童书组读过，这次只是复习性地读，没有像那年每读一章节都用一个童话来练习解读，但我发现这第二次读的好处是我在解读《丑小鸭》的时候，自然就想到那里的知识，自然也就开始运用那些理论来解读了。当我把《丑小鸭》解读完后，又回去翻看那年解读的《丑小鸭》，两个解读完全不一样。这个解读更多的是知识的运用，原来那个解读更多的是分析自己身上丑小鸭自卑情结。上课后，我更加明白了怎样在班级共读指导中运用这个文本了。那时，我也深深地知道，现在还不能用，现在班级的状况还不是最需要这个文本的时候，存在那儿吧，一定要让它发挥最大的作用。嘿嘿，这学期，它还真发挥了最大的作用了。

雄心勃勃地规定自己每次文本解读的作业都要做。可是在做《新月集》的《开始》和《结束》时，我按晨诵的浪漫感知的方法来解读文本，做好之后，又觉得太简单，可是又找不到更好的解读方法与设计。干脆不交作业，等着上课后看看自己的问题究竟出在哪里。现在魏老师讲了什么我已经不记得，但我记得我当时很得意，对这学期要做《新月集》晨诵课程充满了信心。再后来，做了《老头子总对的》作业。上学期的文本解读总共只交了两次作业，现在真的记不清楚为什么没有做其他两次作业，反正我一天到晚，除了睡觉没歇着过。

上学期到了最后一个月，忙得天昏地暗的，什么也顾不上了，只是每天把自己做的事发到微博上，挂个流水账。有一天突然发现魏老师公布了到罕台去共读的名单，才知道了是怎么回事，才知道了自己根本没看到报名的微博。过了几天，我终于鼓足勇气，向干老师提出要去共读的要求，才去成了罕台。

在为罕台共读准备书时，买回了《孩子们，你们好》。那本书是我抽做饭中的空隙看完的，结果是书看完了，饭常常做糊了。那本书给我的启发很多，最大的启发就是调动每位家长的特长，为班级服务。班刊的创办，就是运用那本书的一个实例。

在罕台共读了《圆善论》《我们是怎样思维的》《新月集》和《吉檀迦利》。在罕台共读书的感受已经写过，现在就略了吧。去罕台读书有许多收获，但最大的收获是知道了那四间教室的老师怎样做到"卓越，来自每天的努力"和怎样利用一切可利用的资源为创造完美教室服务，同时我也找到了自己新的起点。

回到家，离上班只有二十多天了。我抓紧时间开发《新月集》的晨诵课程，与芷眉、小醉讨论怎样按主题分组，我把所有的诗歌都复制在了PPT上，并为每张PPT配上与诗歌内容相一致的油画，还为好多诗写了导读语。我们三个商定，一个人做一个单元，芷眉做《开始》的课件，小醉做《金色花》的课件，我做《我的歌》的课件，开学后共享。可是后来，芷眉、小醉都太忙，没有时间做课件，我又去忙这学期共读的课程和语文的理想课程去了。为了给每张PPT上的诗歌配上油画，我把每首诗歌都细细读了无数遍，并不断地思考怎样写导读语，这算真正地读了一遍《新月集》吧。

开学后，我先进行了顾城诗歌之旅——去寻找一盏灯，然后进行《新月集》的主题晨诵。这时，芷眉还在晨诵金子美铃的诗，小醉在做他的李白诗歌课程，我只得一人上路了。在与孩子们的晨诵中，不断地讨论思考，不断地修改课件，不断把诗歌与生命的体验结合起来，这一次才是真正地读了《新月集》了。这一次读，《新月集》已经融入了我的生命了。

开学后，文本解读又一次开始了。只读了《千面英雄》和《英雄的旅程》，和相关的神话，做了四次作业（延续一贯作风，保底线），当然课程完了，也明白了怎样做神话课程了。

这学期收获最大的还是生命成长。开学后，总对学生不满，对自己不满，焦躁不安，情绪沮丧到了极点。我第9周的班级记事第一部分中有这样两段话：

> 上个周末因为身体的不适，没有完成《大禹治水》文本解读的作业，这周我开始做作业。读着大禹的故事，思考着魏老师提出的问题，我的内心再一次遭受到拷问：你的使命是什么？你的天命不是在教室里吗？怎么犹豫起来了？怎么彷徨起来了？你虽然不是英雄，但每个神圣的生命中都有英雄的心，你的英雄的心难道就被你自己湮灭了吗？虽然你不是英雄，但你那神圣的生命与英雄的生命是相同的，你为什么不能像英雄一样服从于自己内心的召唤，勇往直前，向自己的命运挑战？是呀，应该像英雄那样，担负起自己的使命，走向自己那不知何方的未来，我暗暗地告诉自己。

周三上文本解读课的时候，我虽然没有完成作业，但我对这个文本从鲧治水失败到大禹治水成功都有一个清楚的了解，并按魏老师的预习作业要求，考虑好了怎样给孩子们讲这个神话故事，我已经把大禹治水与自己的生命体验完全地结合在一起。因此，当魏老师上课时，我感觉非常轻松，对他讲的课能深入理解。我那时无比得意，读一次神话的过程，就是激励自己去当英雄的过程，自己要像英雄那样，不怕孤独，不怕牺牲，去完成自己的使命，不管结果怎样。

嘿嘿，读神话知道了自己神圣的生命里有英雄的心，知道了自己要像英雄那样，不怕孤独，不怕牺牲，去完成自己的使命，不管结果怎样。这样的认识，这样的成长，让自己非常快乐。累的时候，就告诉自己是英雄；想懈怠的时候，就告诉自己有英雄的心；每天做着教室里的所有事情，非常愉快，因为觉得自己在做着英雄才会去做的事。

每当这样想的时候，觉得自己太有"才"了，就读那么一点点书，竟然把自己读成"英雄"了，知道自己要去向英雄学习啦！所以那天在想写生命叙事的时候，发疯地想出了《2009，我心未老》《2010，我心追梦》《2011，我是英雄》的题目，让自己自娱自乐一番。

2011，读书确实读得太少了，可以说网师的课程已经坚持不了了，但我告诫自己，至少要保住网师的底线，赖在网师。

2011，读的书确实太少，但带着孩子们读的《天上人间的歌》《新月集》《人鸦》《青鸟》《一百条裙子》《波莉安娜》和自己喜欢读的《特别的女生萨哈拉》《夏洛的网》《孩子们，你们好》，真是读到自己生命中了，有的已经读到骨子里去了。

2011，跟着内心的感觉走，做了一个在行动着的教育农人。2012，希望做一个稍微好一点的教育农人。再也没有铿锵有力的话语，只希望能默默地、宁静地、不被打扰地呆在教室里，做自己喜欢的事。

2012年1月7日星期六

第四章　2012，在农历的天空下走过四季

2012年12月31日下午，学校进行迎新年活动，在这样的仪式中，送走2012年，迎接2013年。只是我的2012年走得怎样呢？看着台上不断展示的学校走过的足迹，看着我班孩子活跃的身影，我内心平静。我轻声地问自己："这一年你充实而无怨无悔吗？你将怎样继续走过你的2013年？"

一、大事记

2011年12月22日冬至日，我们开始了在农历的天空下的中国古诗词课程，我的2012年是在农历的天空下走过四季的。

2012年1月1日，第7次横渡金沙江。

2012年1月11日，学校放寒假，1月17日班级学期结束仪式、颁奖仪式和《青鸟》童话剧成功演出。

2012年1月20日，班级寒假挑战100万字阅读量活动开始。

2012年2月7日，四年级下期开学报名日，举行开学仪式与家长座谈会，提出本期课程目标与实施措施。

2012年6月22日，父亲心肌梗阻，病危住院抢救；班级童话剧和结束仪式工作暂时停止。

2012年6月二十几日（记不起了），干国祥老师给我QQ留言，告诉我获得"完美教室缔造者"特别荣誉奖。

2012年7月6日，学校放暑假，班级暑假挑战400万字的阅读量活动开始。

2012年8月31日，五年级上学期开学报名日，班级举行四年级下学期结束仪式与颁奖仪式。

2012年9月3日，学校开学日，班级举行五年级上学期开学仪式。提出本期课程目标与实施措施。

2012年9月24日至27日，四个小队分别成功上演童话剧《夏洛的网》。

2012年12月21日，在农历的天空下中国古诗词之旅一周年庆典。

2012年12月28日晚，母亲腰部受伤，躺在床上不能动弹。

回顾一年走过的历程和经历的大事，就只有教室里的事和父母的身体变故，才是我生活中的大事。我笑了，我兑现了自己的承诺，如农夫一般在教室里耕耘，日出而作，日落而息（严格说来是夜半而息）；我笑了，我过上了自己想要的生活，诗意地栖息于大地上，单纯而丰富，忙碌而快乐。

二、教育生活

冬至，对我来说是个值得纪念的日子。

2008年11月在成都邂逅新教育，被她所吸引，在很大程度上是因为她的课程展示出来的魅力，马玲老师的绘本课、晨诵课，干国祥老师的《小王子》共读课，常丽华（芷眉）老师的"在农历的天空下"的讲座，深深地吸引着我，我仰望、崇拜，但不敢走近……

2008年的冬至日，我终于起步了！从此，我的生命因它而焕发光彩，我的生命因它而格外有意义！2011年冬至，和芷眉，和西门小醉，我们三人一起，走进了在"农历的天空下"的中国古诗词课程，走过了一年幸福而快乐的四季。

献寿人皆庆，南山复北堂。

从今千万日，此日又初长。
——姚合《冬至日》

冬至，对我来说，是再熟悉不过了。年年冬至日都要炖冬，这是我们这儿的习俗，也是我妈重视的一个日子，但我最烦的就是这炖冬。因为炖冬，从买到炖全是我的活。记得那些年，生活条件又差，每到冬至，大清早就得出门排队买东西，然后大包小包地往家提，手背上龟裂的一条条细小的血口子在寒风中如刀割一般的痛；回家后还要在冷水中淘洗，双手十个指头冻得像胡萝卜又红又痛。后来生活条件好了，似乎天天都可以像冬至日一样想炖什么就炖什么，也没过冬至的概念了。女儿两岁那年的冬至，吃过炖汤后，我们大人坐着摆龙门阵，孩子们在屋子里疯跑，女儿一跤跌下去，撞在墙角上，额头磕破了，一个竖在额头上的血口子如小嘴往外涌血。把女儿弄到医院缝针后，老公因晕血而晕倒，要不是护士眼疾手快，他不摔个嘴啃泥，也会摔个四脚朝天。女儿额头上现在还留着那个伤痕，她小学时因此荣获"二郎神"的绰号。这就是冬至留在我记忆深处的印象。

去年的冬至不一样了，因为有诗歌相伴。芷眉做好的冬至的课件，提前一天发给了我。我迫不及待地打开，真被课件丰富的内容震撼了。读着芷眉写的课程导读语，我对整个课程充满了向往。

"献寿人皆庆，南山复北堂。"第一次知道了冬至在古代竟然是新年的元日，热热闹闹的冬至诗歌，唤醒了沉睡在我记忆深处的热闹，"冬至"一下子在我的心里变得温暖起来，虽然过去的冬至经历过苦难，但仔细一想，其实也有许多欢欣，重要的是从今往后，冬至一定会有诗歌与我相伴。

冬至的热闹，冬至的相思，冬至的悲凉，冬至的憧憬，冬至的愿望，就随着诗歌流淌在我心里了；在2011年的冬至，我懂得了，虽然已经无从领略冬至节的隆重，却在诗歌里，听到了生命深处的呼唤：冬至之后日初长，珍惜这阳光下最美好的日子啊！

从2011年的冬至起，与其说是带着孩子们做农历课程，倒不如说是自己开始了农历课程的学习。我拿到芷眉或小醉做的课件后，总是自己先学习，如学生在自学一样，一首诗一首诗地啃，解读完诗歌后，再学习他们俩怎么把诗歌与学生的生命编织在一起。一周学习四首诗歌，是这一年来我的主要阅读。

这一年，除阅读诗歌之外，还阅读了当年读电大时的文学史纲要。我把当时的教材全找了出来，遇到哪个诗人，遇到哪个朝代的诗歌，就阅读相关的部分，以便更好地理解诗歌，以便更好地把握诗歌。《人间词话》、叶嘉莹的《唐宋词十七讲》，都在这一年内断断续续地读着。

冬至之后日初长，珍惜这阳光下最美好的日子，让每天的生活都有诗歌相伴，让每天的自己都像冬至后的白昼一样长一点：或长一首诗的理解，或长一句话的编织，或长一段理论的学习，或长一条教学策略的改变……

  冰雪林中著此身，不同桃李混芳尘。
  忽然一夜清香发，散作乾坤万里春。
      ——王冕《白梅》

冬至课程以后，又诵读了水仙课程，然后就开始了梅花课程。我也在这样的课程中成长起来。把诗歌与学生的生命体验结合起来，在课程中不露痕迹，这是我的最弱项。在芷眉的带领下，我也学会了些技巧了。看，在《雪梅》中，我也轻松地把学生作为背景来理解诗歌了。

第四章　2012，在农历的天空下走过四季

在梅花课程中，最大的成长还是能坚守自己的追求，不管别人说什么。临近期末，为不影响教育局抽测，保证数学的复习时间，我们的童话剧基本上处于停滞的状态，本想等数学抽测完后抓紧时间排练，但我又被选为区政协委员，有四天时间得参加区政协会，童话剧的排练就被耽误了。后来与家长们商量，决定在放假后用一周来排练。

放假后，每天早晨带领孩子们晨诵梅花课程后排练，挑战四年级下学期语文生字新词的预习。有些孩子们不理解，为什么别的班都放假了，我们还要上学。此时，"冰雪林中著此身，不与桃李混芳尘"就是最好的解释；此时，"不要人夸颜色好，只留清气满乾坤"就是最好的榜样。什么"园林摇落独芬芳""墙角数枝梅，凌寒独自开""众芳摇落独暄妍，占尽风情向小园"这些诗句，也在孩子们的生活中活了起来，我也找到了把诗句与孩子生命编织的切入点了，那就是与孩子们的生活关联起来，让这些诗句解决孩子们切身的问题，让这些诗句成为孩子们追逐的榜样。

在童话剧的准备过程中，其实有好多困难，如，服装、道具、PPT及音乐、场地、音响设备等，任何一个小困难处理不好，都有可能让童话剧演不成。记得当时就是因为表演场地的音响不响，折磨了我一天一夜，那种感觉真像是走到了绝境。好在当时正读着中国神话，一遇到困难我就告诉自己："英雄遭遇困境啦，英雄最后都走了出困境；我就是英雄，我也能走出困境！"然后就一天到晚都在尝试解决，最后总能找到让自己满意的解决办法，让事情继续进行下去，向着目标奔去。现在回头看当时对待困难的淡定，真有点佩服自己坚守不移的信心与克服困难的毅力。

1月17日，我们班的学期结束仪式、颁奖仪式和《青鸟》童话剧的演出如期举行。我们把梅花诗活出来了!

> 千山鸟飞绝,万径人踪灭。
> 孤舟蓑笠翁,独钓寒江雪。
> ——柳宗元《江雪》

从农历课程开始后,我每天晚上在班级群里和家长们一起读早晨孩子晨诵过的诗歌。在寒假中,我仍然坚持农历课程。我把诗歌和诗歌解释通过校讯通平台发给每个家长,还把这些节日课件发在班级群里共享,让家长带领孩子们晨诵。在假期里,我就先带着家长们读,家长再带着孩子们读,有的孩子就直接参加到班级群中来听课了。孩子们在诵读这些诗歌中,让生命潜滋暗长,我的生命也因为这些诗歌在潜滋暗长。

大寒节气来临时,芷眉和小醉他们已经放假了,已经不需要大寒的晨诵课件,而我们班正在排练《青鸟》童话剧,孩子们每天都要到学校,我也在带领他们晨诵,当然需要大寒的晨诵课件。可是,在这之前,所有的晨诵课件都是芷眉做的,难道我还要叫芷眉把课件先做了让我用不成?那不成了天大的笑话了?我自己动手做起大寒的课件来。在自己动手的过程中,不断地思考怎样把诗歌更好地呈现给学生,做着做着,我突然发现自己的能力,比原来提高多了。比如,在做《江雪》时,"儒家渔父"的精神怎样与学生的生命结合起来,我想到了孩子们放假了还在教室里排练童话剧,还在坚持晨诵,我找出了他们放假后在教室活动的图片,写道:"放假了,其他班的同学都已经在家里玩耍了,而我们还在学校读梅花诗,排练童话剧,挑战四下预习。虽然我们不可能要求别人像我们这样生活,但我们可以坚守自己的追求。这时,我们就可以说是'孤舟蓑笠翁,独钓寒江雪'。"当孩子们读到这样的生命体验时,他们为自己能坚守追求,去实现自己的愿望而自豪。

在寒假,我又做了除夕、春节、立春、元宵的课件,我开始能独立做农历课程节气的课件了。担当使命,不等待,不依靠,坚守自己的追求,我可以自豪地说我在寒假做到了"孤舟蓑笠翁,独钓寒江雪"了。

"孤舟蓑笠翁，独钓寒江雪"在寒假这个假期，真正要做到，也很难。家人的聚会，亲朋好友的交往，无形之中都在向自己挑战，怎样抓紧时间阅读，怎样带领孩子们挑战100万字的阅读量，也是这个寒假的一大任务。看我在1月20日通过校讯通平台发给每个家长和孩子的短信：

  家长们，孩子们：我们已经休息了两天了，接下来继续前进，继续挑战吧。今天要挑战的内容是：1. 背诵五首农历课程的诗歌。2. 还没有完成四下语文预习的孩子，完成3课的预习。3. 抄写四下字帖两页，要求一笔一画地写，写出字的笔锋，不能多抄，也不能少抄，坚持每天抄写。4.《寒假生活》根据自己的情况做。日记、阅读。另外，《寒假致家长信》已经发在班级帖子上和我的空间了，敬请阅读并实施。最后，请每天把孩子的挑战情况在班级群里公布，我们看看谁是我们班寒假的挑战英雄。

  我在《寒假致家长信》中详细地论述了挑战100万字阅读量的可能性与重要性，并告诉孩子们挑战的方法，还给家长们提供了管理方法，供家长们参考。然后每天发短信引导挑战与家长的管理；到开学时，又进行"我是英雄"的假期作业检查与展示方式，让孩子们获得成功的感受，并让家长从检查全班孩子的作业中学习别人家庭管理的经验。

  从寒假挑战阅读情况来看，完成了100万字的人只有29人，即使把两个完成99万的人加进去，也才31人，全班假期参与挑战的人数是53人，完成阅读挑战的人占58.5%，不到60%，更不用说达到二八分原则了。虽然这次挑战不算成功，但为后面的引导海量阅读积累了经验。

  带领孩子挑战，我也没放松阅读，这个假期主要阅读解决现实问题的书：常丽华的《在农历的天空下》，干国祥老师的《理想课堂》《生命中最好的语文课》，马玲老师的《手心里的光》我都又细细地阅读一遍，从中又有许多收获，对我课程的指导起到了极大的作用。另外，因要开展共读选书的需要，又阅读了一堆童书，最后才确定四年级下学期的共读书目与童话剧的书。

在寒假，还做了一件事，就是整理三年级给家长的39封信。春节期间，家人团聚无法深入阅读，我就走在哪里就把电脑背到哪里，一有时间就打开电脑整整书信，同时还可以与家人摆点龙门阵。当大年三十晚上大家都在看春晚的时候，我还是在整理信。初一没什么聚会，就做完了除夕与春节的课件，还给自己的信写了个简短的介绍，然后发了一条微博，心里暗暗告诉自己把"独钓寒江雪"活出来。

> 春度春归无限春，今朝方始觉成人。
> 从今克己应犹及，颜与梅花俱自新。
> ——卢仝《人日立春》

还在春节元宵的鞭炮声中，我们就迎来四年级下学期的生活。这时，刚刚立春，我们的立春节气诗歌就是学习卢仝《人日立春》，我们把"从今克己应犹及，颜与梅花俱自新"作为我们新学期努力的目标，提出了挑战400万字阅读量的目标，提出了学科学习全优的目标。为达到这些目标我们制定了详细的措施。我知道，全班孩子不可能统一达到这一目标，因为家庭教育的原因，没有家庭的配合，就凭我一个人的努力，是绝对不可能实现这一目标的。但是，我们必须提出这样的目标，让全班家长知道，我们如果齐心协力，是有可能实现这一目标的，也为真心投入教育的家长指明了努力的方向，给自己施加点压力，像夸父一样，明知不可为而为之，去追寻心中的太阳。我们就带着这样的愿望出发了。

在寒假，挑战100万字的阅读量都没有完成，在开学后，每天要求孩子至少读3万字，每天作为家庭作业来布置，同时每周进行阅读统计，评出阅读富翁；当发现孩子爱看魔幻小说后，我们在班级买了5套《哈利波特》，2套国际获奖小说，科普读物、名著的连环画等投放入班级书柜。这些书中，光是《哈利波特》一套书就有400万字，这就从阅读内容上保证了孩子完成400万字的海量阅读。上学期，完成400万字阅读的孩子有41人，超过了班级人数的80%；有8个孩子的阅读量超过了千万字；没有完成400万字阅读量的孩子的阅读也是可观的：上300万字阅读量的有6人，上 200 万字阅读量的有 3 人，90 多万字阅读量的有 1 人。在海量阅读指导上，我又找到了一些新方法。

开学后，因为我们的假期比小蚂蚁班和青鸟班的假期短，加上我们在假期里排练童话剧时坚持晨诵，我们的晨诵就已经跑到他们两个班的前面去了，我们用了一周的时间复习了假期里节气课程的诗歌，我们班就独自开始了"在农历的天空下之长江课程"，这是一个结合宜宾万里长江第一城这一特点的晨诵课程。做这样的课程得我独自前行。

第一次独自做农历课程，虽然心有余悸，却勇敢上路，我知道我必须纵身一跃，才能在农历课程上跳出对芷眉和小醉的依赖，才能真正地做出自己的课程。我勇敢地上路了。

因为有芷眉的梅花课程垫底，让我更加明确了课程的主题的重要性。我首先确立的主题为"歌唱长江波澜壮阔的气势"，可是在搜集诗歌时，我却发现，作为母亲河的长江，她不仅以她那雄伟的气势存在于中国文化之中，更以她那为国担当的精神屹立于中国文化之林。我改变了主题，确立为"母亲哺育我们成长"，便精选了描写长江气势与各诗人以长江为载体表现执着担当的使命感的 8 首诗歌，整合成了长江课程，选了《长江之歌》作为主题歌，开始了为期两周的长江课程。

在长江课程中，我们结合诗人的人生经历，在诗歌中感受诗人的执着与担当，把"担当天命，惠泽天下"的儒家精神的种子播撒在了孩子们的心里。虽然现在回头看当时的课程，我才知道，我还应该选择一首曲子，作为主题音乐贯穿于整个课程之中，但我还是独自完成了一个课程的行走，我把"从今克己应犹及，颜与梅花俱自新"活出来，我为此而自豪。

春天，我们穿行在《百花课程》之间，从迎春到牡丹，了解了 12 种花，这 12 种花呀，只是百花中的沧海之一粟。但就是这 12 种花，20 首诗，为我们打开了一扇亲近大自然的窗户。在中国最古老的节日——上巳节来临之前，我们用两天晨诵和语文课的时间来介绍上巳节和学习了王羲之的《兰亭序》。孩子们特别喜欢读那古文，读得兴趣盎然。当孩子们在精美的 PPT 的引导下读完了《兰亭序》时，那山水之乐也在我们教室里荡漾开去了。

上巳那天，在家长的组织下，班级有33个孩子参加了上巳节的踏青活动。那可是一路风景一路诗歌呀。当时看到芷眉发微博记载了他们班上巳节的活动，我在她的微博上进行了回复，记下了我们的活动：

哈哈，我们有滚滚岷江，明镜池塘，更有桃花、李花、油菜花，冠者四十余人，童子三十余人，在山间也是穿行近三个小时，条条路都通桃花源啊，脚下踩的是翠翠嫩草，星星野花，仰观宇宙之大，俯察品类之盛，花间还有蝴蝶翻飞，蜜蜂吟唱，回到园中，还有秋千欢愉……今年三月三，有景有诗，爽极啦！

那天，在车上一看见岷江时，孩子们就开始背诵长江诗歌了，背完后，就把我们这个春天学过的诗歌从头至尾地背诵了一遍。真是惊叹于他们的记忆力啊，这个春天里晨诵的诗歌加上假期里的诗歌一共有30多首，他们竟然能一一地背出来。

到了玉龙山，我们一边走，一边看景色，看到的每一种景色，孩子们都回忆起相应的诗歌，那天在踏青中完全把诗歌吻醒了，这是在教室里无论如果也达不到的效果。饭后的诗歌朗诵会，孩子们因为有了新的感受，他们的背诵完全与在课堂上的朗诵不一样了。而我也在这样的活动中，找到了诗歌与生活相结合的点，再一次找到了唤醒诗歌的方法。

"清明课程"是我和芷眉花了大力气做的一个课程，我尽力用图片来展示诗歌，而芷眉竭力进行编织，两个人的长处合在一起，让课程完美地呈现。当马老师看了和用了我们的课件后，发微博盛赞："盛赞一个，今天用'新月组'三人【常丽华、飓风大姐、外捎带一个西门小醉】绝世智慧创作的'清明'组诗课件，给俺班小毛虫也先熏一熏，哇！超级赞啊！"看到马老师的称赞，我想虽然我们的晨诵才开出一朵小小的迎春花，但如果这迎春花能引来学校的满园春色，那该多好呀。于是，我把我们的"清明课程"向校长吹了一番，校长当即决定派二三十个骨干老师到我们班听"清明课程"，校长也全程听完我们的课程。当然，课后听课的老师对我们班孩子对诗歌的理解与朗读高度赞扬，最让我兴奋的是校长已经下决心要在全校开展晨诵（只不过，我不知道这个决心到实施还有多远的路），同时也有几位老师开始咨询我怎样做晨诵课程，希望得到我的支持。这学期已经有两个老师在四个教学班自觉地开始了新教育的课程。在2012年的春天，终于迎来了学校新教育的早春。

这个春天我与我的学校终于有了新颜。

> 春与人俱老，花随梦已空。游蜂黏落蕊，轻燕接飞虫。
> 桑悴知蚕起，牲肥赛麦丰。为农当自力，相戒勿匆匆。
>
> ——陆游《初夏书感》

在暮春时节，我们又进行了"落花课程""杨柳与送别课程"，特别做了"儒与道文化小课程"。在这些课程中，我不断地带领学生叩问自己，怎样面对梦想，怎样面对现实，怎样让自己更好地成长。

就在"落花课程"开始时，我们迎来立夏节气。在立夏那天，我们晨诵了曹豳的《春暮》、苏轼的《夏日书感》和赵友直的《立夏》。我引导学生思考的是：

> 春天随时光而去，人又老了一季，花儿们已经随着春天的梦消失了。面对时光的流失，面对没实现的梦想，我们应该怎么办啊？
> 勤劳的蜜蜂、轻捷的燕子、迅速成长的蚕宝宝和趁势猛长的牲口与麦子，已经告诉我们"当自力""勿匆匆"。
> "为农当自力，相戒勿匆匆。"是的，不管我们是做什么的，都应当自力更生，相互劝诫，不要浪费了匆匆的时光啊。

这样的思考，与其说是引导学生思考，倒不如说是让自己思考，让自己去把这诗歌吻醒。

当时，网师的文本解读课程是针对新教育儿童课程的有关童书进行解读与教学指导。那些书我大多带着孩子们共读过。作为一个教室的农人，我这时追求的不再是网师的作业过关，而是把网师的这些优质资料化为教室的"肥料"。虽然这些书已经熟悉得很，但课前我还是要把书再认真读一读，上课时，对照原来的课堂，找出自己的不足，力图在后面的课程中改进。如，在共读《一百条裙子》时，基本没有把书吻醒，也没有带领学生针对自己的实际进行"玛蒂埃的抉择"。在共读《波莉安娜》时，才反应过来，自己在带领学生共读时虽然按照"浪漫—精确—综合"这样的节奏在进行，但在"综合"时，确实没有"吻醒"，才在《波莉安娜》的讨论中进行了调整，引导孩子们把《波莉安娜》这本书吻醒了。然后，我再次引导孩子共读《一百条裙子》，要求他们写出自己或旺达的遭遇，或玛蒂埃抉择的经历，先把孩子置于故事发生的情境中。当时，陈麓伊写了一篇日记，详细地记叙了她二年级上课发言时遭受的嘲笑，从此她不再发言，到现在已经有近两年的时间没有发过言了。虽然每次老师提问时，她都想发言，但她害怕遭到同学的嘲笑，始终没有勇气举手发言，她一直为这个事情而苦恼。

我们第二次对《一百条裙子》的讨论，就是从陈麓伊的日记开始的。这一次孩子联系自己的亲身感受、对照道德发展三境界六阶段来讨论，说明我们面对这样的同学的时候，应该怎样进行抉择，应该怎样对待发言有错误的同学。我们终于把《一百条裙子》吻醒了，我们终于把《一百条裙子》的故事变成了自己的故事。我们在讨论发言这个环节又多了一些密码，我们时时得提起这些密码，因为"玛蒂埃的道德抉择"不是一次就能完成的，必须在生活中不断地抉择。

这次的讨论经历，让我明白了：所有的故事都是发生过的事，所有的故事都是一个故事，所有的故事都是我的故事；只有真正吻醒或活出来的故事才是自己的故事。因此，共读是否成功，不是看能否回答提出的讨论题，不是看他们对文本分析得多么细致，不是看讨论笔记记得多么完善，不是看孩子们的日记写得多么精彩，更不是看小报办得多么丰富多彩，而是要看孩子们是否把这故事唤醒，是否在真正地经历此故事并把故事活出来。由此，我也找到共读《夏洛的网》的方法与演童话剧的方法，来超越上学期排演的《青鸟》。

借鉴网师的优质资源，化为班级课程的肥料，让自己的耕种更自觉、

第四章　2012，在农历的天空下走过四季　81

更科学，真正做到"为农当自力，相戒勿匆匆"。

  毕竟西湖六月中，风光不与四时同。
  接天莲叶无穷碧，映日荷花别样红。
——杨万里《晓出净慈寺送林子方》

  这首诗不也在说我们吗？
  我们的生命正是六月的荷，旺盛，蓬勃。
  那些丰富、深刻的课程不正是如天、如日吗？
  他们滋养我们的生命，丰富我们的精神，深刻我们的灵魂。他们是文化的象征。而文化是人类智慧的结晶。一个人，只有在文化的天空下，在智慧的光芒中才能散发出别样的光彩，才可以在平凡中成就伟大，在俗世中制造神奇啊。
  六月，我们开始了《荷花课程》。
  小醉如是说。
  每日，吟唱着《蓝莲花》的主题歌，还能让自己庸庸碌碌地度过一个个日子吗？
  这个夏天，在荷花课程中前行，课文课堂的三重境界也没有放松追求，重点进行共读与童话剧课程，三头并进。我在带领孩子们共读《夏洛的网》中，在引导孩子们把夏洛或威尔伯活出来，首先得让自己把夏洛活出来。
  回想自己读《夏洛的网》还真有些年了。2008年11月，在成都接触新教育，回到家的第一件事就是在教育在线论坛注册，第二件事就是买《夏洛的网》和《小王子》来阅读。严格说来，《夏洛的网》是我接触的第一本童书，当时读了我就决心要做夏洛，不断地为孩子们织字。但经过几年的新教育实践后，对夏洛的理解又进一步加深，这时我心中更加明白，做夏洛其实就是要追求道德发展三境界六阶段中的最高境界——惠泽天下，达到"己立立人、己达达人"的最高道德境界。自己在这一次的童话剧中怎样去追求这样的道德境界？眼中必须要有学生，要根据学生发展的需要来设立童话剧课程的目标。

每学期的童话剧课程，我首先想的是这学期怎样在上学期的基础上有所进步与超越。从一、二年级演的小型童话剧，到三年级演大型童话剧，再到演《夏洛的网》一步步地走，每学期都在童话剧中前进一大步。从前两部大型童话剧来看，第一部《人鸦》鼓励全班走上童话剧的历程，让我们所有的人都有勇气面对童话剧并能勇敢地面对未知世界；第二部童话剧《青鸟》，挑战朗读，还挑战表演，挑战追寻大幸福，这两部童话剧已经顺应班级的需要承担了自己的历史使命，同时也让我看到了孩子们在表演大型童话剧中的成长之快速；但我也看到了不足，像我们这样的大班额的班级，除了演主角的几个孩子得到的锻炼比较大、成长比较快外，其余的孩子锻炼的机会还不大，成长的空间还没有充分利用起来，我要设立的课程目标，如果眼中有孩子的话，那首要的就是应该让更多的孩子在有效的时间内得到更大的成长。要让更多的孩子更快地成长，唯一的办法就是多提供成长的平台——把孩子们分成几个组同时排练童话剧，让原来的一个平台变成三个或四个。平台多了，那么我的工作量将会更多，本来就已经竭尽全力的我，能再增加更多更重的责任吗？我纠结着，掂量着，可我真不愿意重走上学期已经走过的老路，要突破、要超越《青鸟》，只好分组了！我不再犹豫，听从内心的召唤吧，农人为了庄稼长得更好，是不会在乎付出的！教室里的农人啊，沉静地劳作吧，你的生命的意义就在于此：辛勤地劳作，只为园子里的庄稼长得更好。只有这样，你才能把夏洛活出来，也只有这样，你才配带领孩子们在《夏洛的网》中成长。

主意已定，全力投入，坚定不移地前行。前行的路上会遭遇各种困难，而且是重重的困难，但熟悉神话故事与童话故事结构的我，不管遭遇到什么困难，都觉得是太正常的事了，来自家长的阻力、来自学生成长的困境、来自客观环境的限制，我都能坦然面对：在网上与家长沟通、给家长写信，带领孩子对夏洛、威尔伯和坦普尔顿进行真人版的选择、分组，建立各小组的组织机构，解决角色的分配，排练，创造适合的环境……每一个词语都有那么多的故事发生，每一个词语都经历着一个个生命的成长。我就是一个农人，不断地耕种、浇水、施肥、除草、捉虫……

这个夏天，因为内心的沉静，担当起了自己想也想不到的那么大的工作量，我的生命真如六月的荷花别样红。

这个夏天，继续追寻生命的意义，继续提升生命的价值，我如是活。

黄梅时节家家雨，青草池塘处处蛙。
有约不来过夜半，闲敲棋子落灯花。
——赵师秀《约客》

在六月底，迎来了端午小长假。晨诵是这样安排的：在端午节前，进行了端午课程，端午小长假后还有三天复习与一些学科的考试的时间，安排剩下的三首荷花诗歌和课程结束仪式，我们就可以进行结束本期的晨诵了。其次，安排好了童话剧排练、演出的时间，正全力写着孩子们的生命叙事，准备迎接期末工作，以饱满的热情让自己的这个夏天如六月的荷花别样红时，两难的抉择又一次摆在了我的面前。

时间已经走到了第 19 周，童话剧、童话剧，就连做梦都在安排童话剧。

排《夏洛的网》童话剧我没有像原来一样守着孩子们排练，而是每天下午放学后，由孩子们自己找地方排练；我呢，每天检查一个组的排练效果。时间越近，我想控制童话剧排练的愿望就越强烈，真想把四个小队拖到自己面前，守着他们排练。内心有个声音又告诫自己，少插手，一直在羽翼下孵不出雄鹰。可心里那种隐隐的担心折磨得自己越来越受不了，一天到晚都在问自己：他们会演得好吗？他们演出能如人意吗？我是不是应该带着他们排练呢？另一个声音又在告诉自己："一定要放手让孩子们自己去学会成长，学会自己去面对问题、自己去解决问题。每个人总有第一张'小板凳'的，这第一张'小板凳'肯定比成熟的工匠制作的差得远，但如果没有这第一张'小板凳'，哪来成熟的工匠呢？"放手让孩子们成长，是当时童话剧课程的一个目标。我就是这样矛盾地、坚定地让自己不过细地介入各小队的工作，只是每周检查他们的排练效果，表扬整个小队取得的成绩和有进步的人，让他们获得成功的感受，并提出些改进建议，至于他们怎样完成任务，一切由他们自己决定。我相信，甩手掌柜，一定能带出勤快的伙计！

这种矛盾的心理比带着他们排练童话剧累多了，甚至一想到这个问题就睡不着觉。当第19周给家长们写完了信，我又按捺不住了，想到第20周就要4个小队PK了，而第20周在学校的时间只有三天。这三天中有两天下午都有教师会，到时我根本无法检查第六场的排练情况，而且还有一个端午课程要做，哪来时间检查呢？终于坐不住了，开始给各小队负责人打电话，了解周末排练情况。了解的情况可喜也可忧，可喜的是李欣蔚他们小队已经完全做好准备，彩排过两次了，可忧的是周化雨小队第六场还没排过，周末排练时，仍然有些人没到场；而何雨蔚小队，家长们竟然没看过，道具准备情况也不知道，还没有准备服装……这时我都不知怎么办了，只得操刀对各小队的工作进行具体安排，给负责的家长打电话，请他们务必在第20周内带领孩子们把联排、服装、道具、背景及音乐一切都准备好，只有在第21周再找时间进行4个小队的PK表演了。

第20周，不断地与各小队的队长及家长联系安排，不断地给各小队检查提意见指导改进。还检查了制作的小道具，尽管不是那么完美，但那必定是孩子们的创造，一切都在按计划进行着。

第20周在校的3天时间，我也不知道是怎么过来的，只知道晨诵、复习、制作端午课程课件、排练童话剧、学生生命叙事全在紧张地进行着。星期三下午，为了让我对每个队进行最后的把关（相当于彩排加最后的审查），安排好各小队端午三天小长假到学校排练与检查的时间，准备好了端午小长假的"童话剧集训"。

天有不测风云，人有旦夕祸福。6月20日晚，我马不停蹄地在写学生生命叙事，无缘无故不停地心悸，甚至无法安稳地书写，不得不起身离开电脑，毫无目的地在家里转悠。我强迫自己安静下来，保证完成女生们的生命叙事。可越到后来，心悸的频率越高，明显地感受到自己不可控制，我以为是自己太执着，于是安慰自己：事慢慢做，总做得完。看看时间，已经夜里12点整，于是告诫自己抓紧时间，争取多写些，1点准时休息。就在这时，家里的座机电话响起来了，那铃声让我全身的汗毛都竖起来，心提到了嗓子眼儿，因为只有父母才用那个电话，第一反应是父母出事了。老公接起电话，果然是我妈妈打来的，他赶紧让我接电话，妈妈告诉我，我爸爸摔在地上，全身冷汗，无法起来，她也不知怎么办才好。我让她别动父亲，我赶紧给医院打电话，让 120 的车去接，我也奔到父母家。

到父母家后，120 的车也刚到。赶紧与医生一起把父亲送到医院，急诊科医生没作任何处理，就直接送了心脏科。到了心脏科只做了一个简单的床上心电图后就按心肌梗塞抢救。等这一切处理好，已近凌晨 3 点了。但那晚父亲一直难受，无法入睡，到第二早晨他的心跳就只有二三十下了。医生在全力抢救，却不断地通知我们要做好随时发生意外的准备，家属 24 小时不得离开。

守在父亲的病床前，无力地看着医生们忙进忙出，心里祈祷着父亲能挺过这一大难，同时盘算着班级的期末工作，首先确定取消端午小长假的童话剧的排练与检查，因为这几天我都无法离开医院；其次盘算着哪些工作可以找人代替，可盘算了半天，才发现自己的工作无人能代替，晨诵、期末班级叙事与颁奖仪式都是学校里独一无二的而且是自找的工作，怎么找得到人代替呢？可要我放弃这心里真是不愿意，这是新教育重要的仪式与庆典，是赞许与激励的最重要的教育方式，如果放弃，这一学期的工作无疑是虎头蛇尾，无疑让教育效果大打折扣，要作出这样的选择真是难啊。我盘算又盘算，最后决定：先坚持利用可以利用的时间，写完孩子们的生命叙事再说，如果端午过后父亲的病能有大的好转，到时再定期末叙事与颁奖仪式是否进行。

接下来的几天时间，不要说写班级叙事，就是要坐下来休息一下也很难得，父亲处于半昏迷状态，在病床上乱动不停，而他又安装有临时性的心脏启搏器，不要说乱动，就是翻身都是不容许的。我们得两人 24 小时地站在他病床前，进行护理，保证他处于安稳的状态。远方的姐弟也回来了，到端午小长假结束时，父亲的病真的大有好转，我们可以轮流回家休息与上班了。

接下来的十多天时间里，全家人都无法正常生活，轮流在医院昼夜忙碌……这时，我第一次感到，当一个亲人的生命濒临死亡时，不仅是生病的人，还有他周围的亲人，挽救生命就成了第一要务，其他的一切事都得放下。

这当中，上班时间我到学校上课，但我无力再带着孩子们完成童话剧的排练与演出，更无法完成班级的期末叙事与颁奖仪式，我安慰自己，教育是慢的艺术，不在乎这一时半会儿，期末叙事与颁奖仪式可以在下学期开学前进行，童话剧也可以在下学期开学前进行……但我执着地把电脑随身带着，只要能坐下来，我就开始敲打键盘，忙着写学生的生命叙事。我虽然无法在班级里进行赞赏与激励，但我可以通过文字，给孩子们带去赞赏与激励。在医院，父亲安静地睡着后，白天我就在病床前敲打键盘；夜晚，我就坐到病室门口，借着路灯写作。同室的病友和他们的家人说从来没看见有这样当老师的，他们的孩子怎么没有遇到这么好的老师哦。我把他们的话当作是对自己的激励，拼命地把孩子们的生命叙事尽量写得详细，我想在我的文字里弥补没有进行期末叙事与颁奖仪式的不足，虽然我知道这样做也是无法弥补的，但我愿竭尽全力，让损失降到最小。

这样紧赶慢赶，终于在 7 月 4 日前写完了全班学生的生命叙事，留出了一天的打印时间，在 7 月 5 日放假时发到了孩子们的手中。这学期的生命叙事，是几年来写得最详细的一次，54 个孩子，写了 74 596 字，平均每个孩子写了 1380 余字。我这个教育的农人，虽然我的园子的庄稼遭遇到了天灾，但我进行了全力的挽救，不管结果怎样，我已经无悔无怨了。

这个夏天，我还在微博上看到了 2012 年的新教育年会要评选"十佳教室"，希望进行新教育的单位与个体进行申报。看了就看了，从来就没有想过去申报，因而它成为无用信息，很快地被我滤去，与我毫无关系。没想到 6 月底的一天，从医院回到家中，打开电脑发校讯通短信时，看到了干国祥老师给我的 QQ 留言，告诉我被评为"完美教室缔造者"。我莫名其妙，问他是什么意思，他也没有回复。后来还是看了他的微博链接后，才知道是怎么回事。

当我知道这是 2012 年新教育年会的最高荣誉奖项时，我深感惭愧。不要说我因为父亲的病停下了许多工作，即使我没有任何放弃，我与罕台没有获奖的任何一间教室相比都差得太远，我与小醉比差得更远，他们都没有获奖,怎么这样的奖项就落到了我的头上。我告诫自己,唯有努力,才能不辜负这样的命名,像威尔伯一样把这个词语活出来,才对得起为我织字的夏洛们。

　　一个教师获得如此高的奖项,应该怎样对待呢?我想:"原本就没打算去开年会的,难道获奖了,我就得去开年会?"这是获奖后的真实想法,也是我需要面对与解决的问题。我赶紧找马老师问情况,马老师告诉因为不作大会发言,可以不去。我高兴极了,告诉校长我不去领奖了,只希望今后罕台新教育小学有小范围活动时,他能同意我去参加。真要感谢校长的理解与支持,后来马老师上《一百条裙子》的共课,我想去,他不仅欣然同意,还要另派两名学校骨干老师与我一起去,虽然因另外的原因没有去成,但他真的就是这样默默而实实在在地支持着我。

　　这个夏天,在农历的天空下,在芒种之日,我明白了:农人们看重"一把青秧趁手青,轻烟漠漠雨冥冥",农人们喜欢"家家麦饭美,处处菱歌长""东风染尽三千顷,白鹭飞来无处停",农人们不在乎"有约不来过夜半",不管怎样都能"闲敲棋子落灯花"。我这个教育的农人,只要能珍惜分分秒秒,像农人一样辛勤耕种,面对生命的成长与老去,面对名利的得与失,既不停滞也不着急,在自然之中悠然快乐地生活着足矣!这个夏天,我似乎也在不自觉中追寻着这样的境界。

　　　　携扙来追柳外凉,画桥南畔倚胡床。
　　　　月明船笛参差起,风定池莲自在香。
　　　　　　　　　　——秦观《纳凉》

　　暑假里,父亲的病也在逐渐好起,生活也基本恢复正常,我又开始了暑假的追凉生活。

　　在暑假里,带着孩子们阅读《中国神话故事》与《希腊神话故事》等书籍,挑战 400 万字的阅读量。

　　《中国神话故事》在三年级时读过一个拼音版本的,当时已经基本形成了中国神话的基本框架,为了带领孩子们挑战海量阅读,我又重新选了一本《中国神话与民间传说大全集》，因为有三年级的浪漫感知，孩子们对中国神话也很感兴趣，这本书的故事更完整更全面，有些故事还有多种版本，民间传说收集有中国各民族的传说，内容十分丰富。在孩子们的最近发展区再进行拓展，这样的书就基本没有什么难度，便于假期阅读。这本书读完就轻松地完成了120万字的阅读量。

《希腊神话故事》孩子们就读得不那么容易了。首先是复杂的人物名字，因为这个名字，影响了阅读。其次，人物关系太复杂，孩子们也搞不清。从家长们那儿获取了信息，我就先给孩子们发短信，引导他们克服阅读中的困难，如在7月17日中的短信中有这样一段话：

> 孩子们，你们读《希腊神话故事》是不是因为人物众多而名字又长又难记影响阅读呢？郭老师也遇到了这样的阅读难题。我的办法是，记下人物名字，再标注人物关系，就是画出人物关系图。这样不仅搞清了人物，记住了名字，还把故事弄得一清二楚的。我已经在读第三遍《希腊神话故事》了，读这遍的目的就是要给你们出讨论题了。你呢，你在假期中阅读，有什么新招，也可交流一下哦。另外，"中央电视台《读书》2012暑期读书活动"现在正在网上进行海选，你想参加吗？你想挑战不可能吗？如果想，就赶快写稿子吧，我一定会帮助你修改的。加油！

阅读、生活，必须结合起来才能让孩子们在阅读中成长，那段时间的家校联系的短信都是围绕假期阅读进行的，如：

7月18日

> 家长们，孩子们，我们读《中国神话故事》，读《希腊神话故事》，都会为许多英雄而感动，崇拜他们、敬仰他们。但你思考过没有：他们为什么能成为英雄？他们面对困境是怎么办的，他们是怎样战胜困境的，他们成为英雄的真正原因是什么？你在生活中怎样才能摆脱困境，战胜困难，成为自己的英雄？这些是我们这个假期读神话

故事要思考与讨论的大问题,请边读边思考,更重要的是在读的时候,与自己的生活结合起来,战胜自己面对的困难,唤醒神话,成为战胜困难的英雄。特别是孩子懦弱,在困难面前总想逃避的孩子的家长,这时候,亲子共读共写共生活,把神话活出来,带领孩子战胜困难成为英雄就显得特别重要了,因为只有这样,才能培养起孩子战胜困难的信心与勇气,才能真正把孩子变得勇敢而坚定。

7月19日

家长们,请把这条短信转给孩子,并督促他们按此要求完成作业。孩子们,在假期作业中,有一个选编《中国神话故事》和选编《希腊神话故事》的作业,你开始做这个作业了吗?在假期作业中,我要求在选编时要考虑:选择的故事能够表现世界的起源,人类及万物的产生,人类战胜自然灾害、改造自然或建立与保卫家园等这样的系列来编辑。那么你准备选哪些故事来编你自己的书呢?如果是我,我就要选择《盘古开天辟地》《女娲的故事》《夸父逐日》《大禹治水》《牛郎织女》《宝莲灯》《孟姜女哭长城》这些故事来编辑。你能说说郭老师选编的理由吗?你会怎样编呢?赶快动手编吧,选编出你自己的神话故事书。特别提醒,别忘了编书的要求哦,请注意看假期作业单上的要求。

7月20日

家长们,孩子们假期从7月5号发通知以来,已经过了整整两个星期,也就是假期已经过去四分之一。时间过去了那么多,你的假期计划是否也完成了四分之一呢?你可对照你的假期计划,检查一下,还有可根据你完成的情况,调整进度,让假期过得丰富多彩,加油!昨天看到刘安墨毅妈妈的微博,知道了他正按计划完成学习任务,病也好了。你两个周来,有哪些收获,也快快在微博或班级群中晒晒吧,让我们分享你的快乐与收获。

7月21日

家长们,《希腊神话故事》里有众多的英雄,英雄的故事激荡着我们的心。那么,什么是英雄,我们可以成为英雄吗,我们怎样才能成为英雄,这就是阅读这本书的主旋律。在这个周末,怎样带着孩子过一个有意义的周末?既可以与孩子们讨论讨论《希腊神话故事》,也可以出去走走,看看荷花、看看涨水的大江,在自然中陶冶情操,同时别忘了,检查孩子一周的学习情况,保证作业的质量哦。

引导班级假期海量阅读,是假期追凉生活的一部分,不为什么,只为带领孩子们领略与享受"风定池莲自在香"的清凉。

暑假追凉生活的另一部分是继续行走在农历的天空下节气课程之中。暑假近两个月,里面有4个节气,带领孩子们在农历的节气中,读诗歌、吻醒诗歌,追寻一种诗意的歇凉状态。记得在小暑时节做的小暑节气课程的课件,一个节气两首诗歌,就用了76框,细细地制作,连自己都觉得时间花得太奢侈,不禁发了一个微博:

    ♯第一号教室♯明天小暑,做好的小暑课程的课件。因为是假期,文字只有通过校讯通平台发送,把课件传在班级群里共享。因没有师生的对话,需要家长带领或孩子自觉,只有尽量用图来互文。一个节气两首诗,共用76框。嘿嘿,自己都觉得有点奢侈——花了一个下午和一个晚上的时间找,只有假期才如此啊。

暑假追凉生活的第三方面就是阅读。在这个暑假,阅读了《从学习到教学》课程要求预习的大部分书目。不仅一边阅读,一边在PPT上做笔记(也许是带领孩子们共读与这两年课堂都在用鱼骨图带领孩子们理清文本结构的缘故吧,觉得在PPT上弄清文本结构特别容易),同时还思考这些理论与自己教育教学的关系,从中发现了自己做课程的缺陷,也明确了自己接下来的课程要注意的事项。同时在暑假短信中与家长们、孩子们分享我阅读的快乐,用学到的理念指导假期生活。也许,当时收获多多,但真正落实到课程之中,还有一段路程要走,不过可以安慰自己的是我已经有意识地在运用这些知识了。

暑假追凉生活第四方面就是写自己的班级一年来的叙事。刚才看了干国祥老师的年度叙事，才猛然发现自己太过啰嗦，一个叙事写了一万多字还不能结束，而班级年度叙事写了8万多字才写了一半，竟然又以虎头蛇尾结束。也许真的是老了吧，书写的速度又慢，一天写下两三千字算正常，有时竟然两三千字也写不下来。（突然发现，在做文本解读的作业时，自己也要写好几千字，看到网师同学因为写不满3000字而着急，而我却因为写不下3000字而苦恼）不过，真如老人一样，慢慢地、悠闲地回顾着我走过的一个个日子，我不因此而沉沦，我在班级叙事的结尾如是写道：

> 我还发现，面对病痛，挽救生命就成了第一等大事，其他事情就显得无足重轻。过后，就变得更加珍惜生命，因为你同病者一同去经历了与死亡的搏斗，知道能够活在这个世界上是多么的幸运，会加倍地热爱生命，让生命变得更加有价值与意义，让与我同行的孩子们的生命也变得有价值与意义。
>
> 我已经开始出现衰老的症状，但我并不悲观；我有许多缺陷，我缔造不了完美教室，但我绝不放弃追求完美的课程，我要追逐卓越，朝向卓越，不因年岁而叹惋，不因年岁而停止不前！向着五年级前进，前进进！

因此，暑假追凉生活第五个方面就是准备五年级上学期的课程。我立即结束了还没有写完的班级叙事，借鉴芷眉的班级文化，开始设计班徽、班级愿景等，重新着手布置适合五、六年级精确阶段的教室，向着五年级进发了。

这个暑假，我在有意地追寻绿阴清凉，达到"风定池莲自在香"的境界。

> 蒹葭苍苍，白露为霜。所谓伊人，在水一方。
> 溯洄从之，道阻且长。溯游从之，宛在水中央。
> ——《诗经·蒹葭》

从进入秋天的白露开始,我们就吟唱起了秋天的主题歌《在水一方》,在"月亮之旅"与"中秋月下"中相思,我们在秋荷、秋菊中傲霜,我们继续寻找远方的伊人,然后告诉自己:我永远在路上。

开学进入了五年级,我们班级首先遭遇到一个难题:原本五年级数学老师应该分班教单班数学,而今年学校数学老师特别紧缺,五年级了数学老师仍然不分班。我们班的班主任已经年近五十,既要教两个班的数学,还要担任一个班的班主任,对她来说工作量确实是超负荷了。过大的工作量,再加上年龄与身体的原因,确实难为她了。因此,我自愿在我原来自觉帮助她做班务工作的基础上,再把班会课接过来,由我来上班会,引导孩子们结合道德发展六阶段,对一周的情况进行反思、评价,再提出新的一周的奋斗目标。这样做的目的主要是分担她过重的负担,并加强班级的管理工作,引导孩子自觉地追求道德发展阶段的更高境界。

从开学的第一周起我就做起班会工作,并在平时的班级管理中实施班会提出一周的任务,每周评出各种之星,树立榜样,表扬进步,指出不足,还进行了班队干部的竞争改选工作。一个月下来,班级面貌明显地发生了变化,但过多的工作,让我应接不暇,越来越感觉无力胜任。

国庆长假过后,学校大队部印发了学校本期班队工作安排。学校安排的工作实在太多,十月那三个周的班会课学校都有安排,我也无法上班会课。在繁重的工作安排中,我退却了,不再分担班会课的工作了。

10月31日,我开始每天写班级日志。因为,我虽然不是班主任,但自觉实施对学生的管理是每个老师的责任;我不上班会课,但我不能放弃对孩子们的教育。我在每天的班级日志树立榜样,涉及班级大问题时引导学生讨论解决,最后提出每天的要求,引导孩子们努力追求卓越。我每天注意发现学生们表现突出的地方,或用相片记录,或用文字记录,载入班级日志中,并做成PPT课件,在每天早晨晨诵前展示,或孩子们读我写的班级日志,或由我讲解,孩子们每天就在老师的日志中看到自己成长的足迹,他们就顺着这些足迹继续前进,也就一天天进步起来。

这项又是自找的工作,每天照相、整理照片,写日志,做成PPT课件,至少得花1个小时,因为我知道,要改变环境,只有自己去努力;要学生追求卓越，只有自己先去追逐；我希望自己强大起来，希望自己的能量变成正能量输送给孩子们，让他们也强大起来，这是一个教室里的农人最起码的耕作。我作为一个老师，作为一个做新教育的老师，如果自己所在的班级没有自己希望的灵魂人物，那么就让自己主动、自觉地、勤勉地担当起来，成为班级的灵魂人物，而不在于有没有"班主任"名分，带领孩子们永远前行在路上，去追寻那远方的"伊人"。这个秋天，我做到了，每天带领孩子们"暮醒"，为此写下了约37 000字的班级日志，在每天的反省中走向岁月的深处，走向远方那没有污染的地方。

我们追寻的"伊人"，不仅有道德发展阶段的更高境界，还有知识水平的提升。在这个秋天，为了让诗歌与孩子们的生命体验真正地结合起来，为了让那伟大美好的事物真正融入孩子们的生命，我们不断地引导孩子们在诗歌中"兴发感动"，怎样把这"兴发感动"表达出来，怎样让这表达更有"诗意"与"精确性"，我请教了马玲老师。在她的指导下，我突然醒悟，读写绘的指导太少，讲评太少，修改基本没有，这样提高就不大。原因在于：这几年，太过追求数量的多，只想每天让学生练习，迷失了自己。上个年级，是每篇习作都是要讲评、修改的，这个年级怎么就忘了呢？说穿了还是"少而精透"的原则落实不够。如果把读写绘缩减下来，学生的时间就更充足，把时间都用在精确训练上。

因而，我给小醉留言：

> 小醉，我在想我们的诗歌读写绘还是差了"少而精透"的原则，缺少了精确的训练、题材的选定、结构的指导、讲评与修改。我得改变一下了，把精确训练落实下去。原来教高年级是每篇习作必指导选材、立意、结构，还要讲评修改，这个年级怎么就忘了呢？是说这个年级的习作怎么比我那些年级总有说不出的感觉，今天醒悟了，马老师点醒的。

找到了原因，也就有了解决的办法：周一复习上周的诗歌，指导读写绘。周五指导本周大习作。中间抽时间进行讲评、修改，让每周有两篇习作达到精确的训练，另外日记自由写。

为了让自己更好地落实"少而精透"的原则，也为了让自己不再迷失，我发了一则微博：

#第一号教室#与马玲老师聊我班学生的读写绘。马老师谈了我班学生存在的问题及修改方法。反思：病在学生身上，根在老师身上——少而精透的原则落实不够，精确的指导不够。找到问题了，对应的解决办法就有了。加油，为自己！

为了更好地进行精确的训练，为了让精确训练更准确有效，我又恢复了写下水文。记得写的第一篇下水文是《橙黄橘绿时》，当孩子们读了我的下水文，又听了我的指导后，写出来的读写绘作品真的就有了质的变化。我为此而兴奋自豪。不停地写，只要对孩子们有难度的文章，我都先写作，再指导，然后批改、讲评、修改，最后达到提高的目的。

五年级了，在写作上肯定有孩子跟不上班级脚步。有两个孩子，家庭基本上失去了教育的作用。一个孩子写作的困难在于基本没有知识背景，家长从来不与孩子交流，绝大部分孩子知道的生活常识，这个孩子竟然都不懂，在家基本无从下手写作。另一个孩子，首先陷入写字的困境之中，他很多字都不会写，会写的字又乱写乱画，别人无法辨认。课堂上他思考并在班级交流都没有什么问题。他的课堂习作，如果听他念自己写好的作文，也没什么问题；可要你看他的作文，基本就是看"甲骨文"，你根本读不懂。每次改他的习作，都把他叫在我面前，让他说一句我看一句，把他写错的字改正过来，再让他重新誊写。他回家后基本不会完成作业，习作更是基本不能独立完成，他是想了内容忘了字，想起了字的写法又忘了作文的内容，因此，他在家里即使写了作文也就是几十百把字的长度，回到学校还得守着他重新写。

面对这样的孩子怎么办？学习罕台新教育小学的经验提前补。

每个周末我布置习作，就让第一个孩子周六下午来我家，先与他聊习作，从习作的内容到习作的表达方式，从习作的结构到习作的提纲，都和他讨论好了再让他写作。他在写作中有问题随时问我，我再与他聊，切实地帮助他解决写作中的问题。每次写完习作，他并不离开我家，而是继续与我天南地北地聊天，他想知道的事，随便问，我通过与他聊天来弥补他生活经验的不足，来唤醒他沉睡的生活积累，弄清许多事物之间的关系，丰富他的情感世界。这样从四年级到五年级，这学期他终于开始独立阅读了，开始能自己习作了，与我聊过的习作，写下后还可以成为班级的优秀习作了。

另一个孩子，一至四年级都是我守着做作业，基础知识类作业，他一边做，我一边给他讲他写不来的字；我看他的习作，他就给我念，帮助我读懂他的习作。五年级了，在学校没那么多时间来完成习作，我就让他每周五晚上到我家，在指导写作后，要求他一边写，一边把写的念出来，我用电脑记录。我的输入速度比他写得快，他写不起的字可以直接看我的电脑屏幕，这样就克服了他写字的困难而不影响写作的思维，保证了他流畅地写作。在记录他的习作的过程中，我发现他的写作有什么问题，就问他一两个问题，引导他进行调整，这样就帮助了他写好习作。在他写完草稿后，要求他熟读我的记录后，再誊抄。

这两个孩子表面上我都在给他们补习作，其实给他们补的内容是不相同的。第一个孩子给他补的是他生活中缺少的交流，在与他的交流中唤醒他大脑内生活的沉淀，帮助他大脑建立起各个储存区之间或各个知识点之间的联系，引导他学会观察、思考、表达，让他在他最困难的学习中找到成功的乐趣，促进了的学习。第二个孩子，用记录他习作的方式，帮助他克服写字的问题，让他跃过写字的缺陷发展思维，同时，帮助他增加克服困难的信心与毅力。

通过给这两个孩子提前补习作，我更清楚地了解了班级孩子们写作中会遇到的困难，并找到了应对的最佳方法，即使我没写下水文，也让我提高了习作教学的效益。

就这样，在这个秋天，我们在路上追寻着远方的伊人——孩子们生命全方位的发展。

荷尽已无擎雨盖，菊残犹有傲霜枝。
一年好景君须记，最是橙黄橘绿时。
——苏轼《赠刘景文》

走到冬天做《杜甫课程》的时候，我们"新月三人小组"因为各种客观原因，基本上处于离散的状态了。芷眉把《杜甫课程》的诗歌给我后，基本无法与他们合作了，我就独自开始了一段农历课程的历程。

通读了杜甫那些诗歌之后，我又读杜甫生平与杜甫诗歌的艺术特色的分析，考虑怎样把课程做出来。反复读了杜甫的人生经历后，我决定还是按他的人生历程来做课程。我首先选择了《杜甫自陈》作为本课程的主题诗，要孩子们明白杜甫一生都在追寻"致君尧舜上，再使风俗淳"的政治理想，然后选定了杜甫的诗句"飘飘何所似，天地一沙鸥"作为课程的题目，再暗中告诉孩子们杜甫的一生就像这沙鸥一样，身飘零无归、心漂泊无依，就上路了。

在做农历课程中，最困难的还是写出导读语，引导孩子们把诗歌与生命体验结合起来，引发孩子们的兴发感动。我在写导读语的时候，总是先让自己兴发感动，再把自己的兴发感动写下来。这样一个课程做下来，我对执着地追求理想有了更深入的体会，当课程结束时，我很自然地写出了："我们不仅读杜甫的诗歌，探寻杜甫走过的道路，更是为叩问自己的心灵，求索自己的道路，用一生来回答：我会怎样去追寻自己的梦想，书写自己生命的传奇！"

杜甫课程做完后，我、小醉与马老师讨论课程时，马老师指导我们可以把晨诵、语文课、共读课整合起来，让我们的课程更系统与深入。这时我的语文课上到了第八单元，讲毛泽东的伟人风采与凡人情怀，我就尝试着把晨诵与语文课进行整合，引导孩子们从不同的方面来理解毛泽东的"伟人风采与凡人情怀"。我带领孩子们复习了在农历课程中晨诵过的《采桑子·重阳》《卜算子·咏梅》《沁园春·雪》，然后结合课文学习《七律·长征》，晨诵了《七律·中国人民解放军占领南京》《蝶恋花·答李淑一》《七律二首·送瘟神》，让孩子们从诗词与课文的场面描写与故事描写中认识毛泽东是一个怎样的人。

最后，我又开始了"李白课程"。小醉原来做过，他还把"李白课程"课件给了我的，我完全可以用他现在的课件。我认真研读了他的课程，他是以李白在安徽宣城来做的，对他们青鸟班来说，这是一个结合自己家乡的地方课程，完全适用，但对我们班来说，我们在前面学习了"儒与道小课程"，孩子们晨诵诗歌时，总会不自觉地判断这位诗人是"儒"，还是"道"，如果仅按李白在安徽宣城的故事来做，已经不适合孩子已有的知识背景，同时，我们又在前面做了苏轼、杜甫、毛泽东三位不同的人物，做"李白课程"，也只有认识诗人的人生，认识他对理想的追求，才能理解他诗歌的浪漫主义特色，否则这个课程就无法深入，也无法满足学生的认识水平。因此，我不用小醉现成的课程，重新做适合本班学生的课程。按"李白远大的抱负——理想与现实的矛盾——浪漫的诗歌艺术特色"来做这个课程。

做这个课程就比"杜甫课程"考虑得更周到，注意了主题诗与主题曲的选择，注意诗歌内容选定与理解方法的运用，注意诗歌内容的理解与写作表达的结合。也就是说，把对诗歌的理解与认识诗人结合起来，把理解诗歌与写作结合起来，让课程更丰富。

这个冬天，三人小组基本解散后，我独立起来了，从半独立到完全独立，三个课程一步一步走来，我在农历课程中，也有了自己的"橙黄橘绿时"。虽然"李白课程"还没做完，但我会在下学期继续做，我还会做大唐时代的"边塞课程"，让孩子们感受大唐之气象。

在这个冬天，不得不提的是参加宜宾市读书节的活动。这个活动，从接到通知到参加活动，有6天时间，中间还有一个周末，实际有效时间只有4天。在这4天中，要排练一个班级53人参加的节目，从制订方案到写剧本，从排练到演出，从舞蹈到朗诵，从制作道具到配乐，一切的一切都是对我们的考验，都是对我们日常状态的检验。

在排练中，朗诵是练习得最少的，因为我们有长期的晨诵积淀；舞蹈的排练只有十几个孩子参加，人少就好办。他们的刻苦又成了班级的榜样，激励着全班孩子战胜困难；最无聊的算是全班53人一起参加的各种队形的变化和造型的编排。虽然音乐老师们事前画好队形图,但在排练中要孩子们在各种队形中变化表演,那是很难的;还有纸上好看的队形,在舞台上不一定好看,又要根据舞台效果不断地改变,也就是好不容易排练好一个队形,舞台效果不满意,又得从头开始,另编队形,不知反复了多少次,学校层面的满意了,市级专家一来又把队形全盘否定,提出建议另编队形。就这样,在不断否定中前进,在不断的否定中,效果越来越好,最后圆满地完成了学校交给的任务,展示了我们的优秀,同时也暴露了我们的不足,让我们更加清晰地认识了自己,知道了怎样走好今后的路途。

  这样的展示活动,是我最讨厌甚至厌恶的方式。如果在以前我肯定拒绝参与。可这次,我已经达到可以不根据自己的喜好来选择了,而是根据对学生的成长的需要来抉择了。我可以从学生的成长角度异常清醒地分析参与的理由,说服自己、孩子和家长们去做好这件事。为此,专门写了一封题为《不喜欢的事也得做好》的致家长信,来阐述怎样担当责任;在活动中又不断地引导孩子们表演好舞台上的角色,做好生活中的主角,追求卓越;活动结束后,又带领孩子们反思自己在活动中的表现,再写了一封《偶尔与常态》的致家长信,进行书面总结。

  现在每当孩子们诵读《沁园春·雪》时,他们就会回忆起当时的情景,自动进入当时的表演情景,一次又一次地把当时的情景和幸福的感受表现出来,那笑盈盈的声音,那笑盈盈的面容,那笑盈盈的心扉……就会随着他们的朗诵流淌出来,流进你的心房,你也会笑盈盈享受着这幸福的时刻。当他们在排练童话剧时,当时最无聊的编排队形和造型,成了他们自觉的行为,让我们这学期的童话剧的舞台效果增色不少。我真庆幸自己理智地作了一次正确的选择,让孩子们的生命留下了一段灿烂的旅程。

  面对突发的事件,不是随心所欲,而是自由地理性地开展有目的的教育活动,这是一个老师成熟的标志,这也是内心强大的标志。在这个冬天我做到了,我又为自己留下了一段"橙黄橘绿时"的美好回忆。

  这个冬天,我们又走到了又一年的冬至,经历了一年的"农历的天空下中国古诗词之旅"的我们,举行了一周年庆典。之所以叫"庆典",而没有叫"结束仪式",是因为我们的农历课程虽预计一年完成,却还没有走完"李白课程"和"边塞课程",我们还有一段要努力的路程。我们在一周年庆典中,回顾走过的历程,寻找我们的成长的脚印,展望未来的美好。这是一年中最好的"橙黄橘绿时"。

这学期,班级大型活动一个接一个,展演童话剧《夏洛的网》、举办"中秋月下"诗歌朗读会兼童话剧发奖仪式、担任学校值周任务兼展示班级才艺活动、参加学校运动会、参加书香校园展示活动、参加宜宾市读书节的活动、举行农历课程一周年庆典、参加学校迎新年活动等等,再加上孩子们参加的学校各兴趣小组的活动及在校外参加的各种兴趣活动、补习班的学习,孩子们真是忙啊。更重要的是,进入五年级的学习,好多家长把应试得高分看成家庭的大事、孩子的主要生活。在我们展演完《夏洛的网》童话剧后,再加上半期考试数学失利后,好多家长当着我的面或在网上给我留言,说:"郭妈(不知何时家长们对我的称呼变成了这样),建议童话剧一年搞一次,到时我们家长倾其全力协助出去,搞点精品出来。"

面对家长们的反对意见,我也异常清醒,我明白这是当前教育功利化在我们班级的表现,他们看不到童话剧对孩子生命成长的长远意义,只看眼前利益,更坚定了我带领孩子们进行童话剧的决心。我把本期童话剧的目标定为:"寻找自己的位置,追寻生命的意义,成为自己生命叙事的主体。"初步方案是不再决定全班孩子参加,由孩子们自己选择是否参加,自己选择演什么角色,担当什么任务,而后为这些孩子提供足够的成长平台,带领他们走这趟旅程。

孩子们选择的结果真是出乎我的意料,53个孩子只有1个孩子不愿意参加。(他不是因为家长的功利,而是因为家长对其教育的完全放弃造成的。虽然我一直在进行着挽救的工作,一直坚持着没有放弃对他的教育,可我还没有做到让他有足够的自信参加到童话剧的表演之中,我为此还将进行不懈的努力。)再调查,自愿要表演各大角色的基本上可以分成三个组,由此形成了我们这次进行童话剧的具体方案,开始这一学期童话剧的历程。

这学期的童话剧排练,我吸取了上学期的经验与教训,把三个组集中在教室里,在我的视线范围内排练,既能发挥我这个"总导演"的主导作用，又可以避免主体性神化的倾向，还可以避免家长的包办代替，让孩子们在有主导作用下发挥主体的成长，提高课程的效益。

这趟旅程又按预计的目标走完了。孩子们的成长、家长们的成长及我的成长真是多之又多，如果要叙述的话，又是许许多多精彩的故事，现仅以李欣蔚妈妈给女儿的信看看这对母女的成长，来窥一斑见全豹吧。（我没做任何改动，包括错别字与格式，原样呈现）

我要向你学习
——给宝贝的信

天天乖乖：

前段时间妈妈东忙西忙的，把郭老师让家长给孩子写评语的事给耽搁了。今晚半夜醒来，睡不着，看着旁边睡得正香的你，才想起了这事，回忆起平时你的一言一行，妈妈觉得很多地方要向你学习，从何来说呢？就拿排练童话剧吧。

这学期的童话剧，考虑到你下午放学后要弹琴，之后还要完成家庭作业……妈妈是根本就不支持你参加，而且还说了些要你不要管童话剧那么多事的话，因此不仅一点忙不帮，一点主意不出，还在当你遇到困难请教我，寻求支持时，表现得不是那么有耐心（向你道歉哈）。最初你受妈妈影响，就没主动争取当组长，当组员时表现得也不是那么积极，原来准备童话剧，在回家路上你都与我积极商量准备，现在只是听你发牢骚，说你们组如何如何老火，但到后来，我发现你变了，变回原来的样子了。我呢，却还是老样子，只当个旁听者，不咋发表意见，偶尔还打击你的积极性，后来你都不咋个给我聊童话剧了，还说我经常"无视你"。现在想来，妈妈的确不对，再次道歉。

乖乖，你是从什么时候改变的呢？我一直没思考，没分析，没找原因，在这里我又要感谢郭老师，如果不是她要家长给孩子写评语，我还不会去想。直到现在给你写这封信时我才知道真相，而且还是从你的家庭作业中，也就是郭老师布置的日记里。你日记写得真好，其中一些话，让妈妈汗颜——"当初我也没想当什么，只选择了一个自己喜欢的小组，当个组员凑合一下就行了，什么也不想管。但组长的有些地方让组员不是那么满意，把我推到了导演的位置上，我为了小组的荣誉答应了，承诺自己要弄好这个组。于是原本什么事都没有的我开始忙碌起来，不停地认真组织排练，开动脑筋想怎样才能更有创意……""我在童话剧中担当了导演这个角色，就是说这个小组的表演效果要我负责，因此我要真正做好自己的本职，让这个小组更加丰富多彩。我做到了，在一幕幕排练中，我尽心尽力地工作，和组长、副导演团结合作，排出了一幕又一幕，组员们似乎也听话了许多……我突然觉得自己成为一个能实现诺言的人了，现在，我要找个地点，拉一遍童话剧，配上音乐，配上PPT，我会超越更多的强者，为团队争取荣誉""在童话剧排练中，我感觉自己成长了，是威尔伯了，是不断追求目标的人了，能控制住自己的不愿意来尽心尽力地做好不想做的事情了，能控制欲望了，我终于'努力做个好孩子'……在童话剧中，在意的不是利益，而是感觉自己的成长呀！"

乖乖，写得真棒啊，其中的道理你写得真深刻！妈妈要向你学习——在这次整个童话剧准备中，我真的是充当了一个不光彩的角色，和你比起来，真是差得远，我要学习你的团队意识，学习你的不受旁人左右（而且还是最亲的人），学习你的坚持和担当……

这就是我们的孩子和家长在童话剧中的成长，同样我为自己留下一段"橙黄橘绿时"的历程。

在这个冬天，坚定地向着目标前进，似乎不需要我坚持什么，只是遵从内心的召唤吧。可是当逐渐老去，才发现自己需要越来越多的智慧，才能歌唱着走向死亡，否则这歌是唱不起来的。

先说书写年度生命叙事吧。历年都是利用元旦三天假期完成叙事，不管有什么事，只要晚上坐下来，就能唰唰地写作，大不了熬个夜，就能把白天耽误的时间补回来。可今年却不行了。也许是命中注定吧，上学期最忙的时候，老爸心肌梗塞住进医院；这学期12月28日，老母亲腰扭伤，躺在床上动弹不得，元旦三天假期就贡献给她老人家了，晚上回到家赶快写吧，可累了后，书写速度极慢，甚至大脑一片空白，这时无论再怎么熬夜也是白搭，你写不出来时，打也打不出来的。整个元旦小长假期间，就只完成了4700多字的写作。往年看到魏老师催交生命叙事，总想不明白，不就是几天晚上的事吗，怎么就完不成了。今年终于明白为什么完不成了，自己也有了亲身体验。

今年学生的生命叙事也写得很纠结。知道自己现在写作速度极慢，元旦过后就开始写作。原来，每天晚上给自己规定写作任务，三个或五个，不完成不睡觉，现在不管规定写多少（今年我还有班级日志可查平时的记录，把记录查出来了，也组织不起语言），写不出来就是写不出来，对自己无语到了极点。好在老天照应，区抽考抽到了我们年级的语文学科和科学学科，那两三天，全力组织学生突击科学，甚至语文课都不用上了。我高兴地发微博庆祝，为自己赢得一些时间来完成孩子们的生命叙事。虽然速度极慢，但在写的时候，动了点脑筋，把写叙事与颁奖仪式的颁奖词结合起来写，减少了颁奖词的专门写作，又做到了分享成功与激励未来。这样一晚上就做好颁奖仪式的PPT。再加上这学期各课程都做了结束仪式的PPT，与每天班级日志的PPT，做班级学期叙事的PPT时，把这些结束仪式与班级日志进行整合，只用了一天的时间就完成了。这才保证了放假那天的结束仪式的正常进行。

由此，得出的结论是不能再像原来一样，拼体力与时间了，应该拼的是智慧，智慧同样可以让自己"苟日新，日日新"，永远保持年轻生长的状态，让自己的存在显现，而不是苟且活着而已。

在生命的自然衰亡中，让智慧得以新生，这应该算我这个冬天里获得的最深刻的存在体验吧，应该算是这个冬天里最精彩的"橙黄橘绿时"吧。

这一年，网师的学习生活真是进入了"严冬"了，万物收敛，毫无生气，读书少之又少，作业也是少之又少，在网师底线上挣扎。希望自己这读书的种子只是在黑暗中深深的冬眠而已，不是腐烂变质，而是等待生命的春天来临时，绽放新芽吧。

三、尾声

这些日子，每天慢慢地回顾自己在农历的天空走过的四季，为的是看看自己生命的枝头，每一季是否有花开；这些日子，每天细细地摩挲着留下的足迹，为的是要量一量这些脚步的每一段是否走向明亮那方；这些日子，每天自顾自地唠叨着曾经的故事，为的是让自己听一听，每一个故事的节律，是否与内心的脉动一致。

现在，我可以轻声地回答自己：你渴望向上生长，生命的枝头向着明亮那方，每一季总有些花开，你这一年过得充实，你可以无怨无悔，你要继续这样走过你的2013年。

现在，我还要平静地告诫自己：一个教室里的农夫，需要用伟大美好的事物来充实自己，让自己变成美好的事物，多读书，尽量地多读书，你才能成为教室里真正的农夫。

2013年的春天已经来临，新一轮的耕种又将开始……

2013年2月12日

第五章　2013，终结与开启

2013 年，对我来说是特殊的一年，这年我将退休，终结我的职业生涯，我又将面临一次新的选择，因为我不愿意职业生涯的结束后让生命在等待中消亡，我必须开启一段新的旅程并焕发生命的光彩，让自己的生命再次卷起一朵闪亮的浪花，哪怕它将溅碎消散得无影无踪，也要成为自己生命叙事的主角，书写曾经活过的又一篇章。

2013 年已经过去 20 天了，我才敲起键盘，回顾过去一年走过的旅程，我能摆出什么秋日的果实与夏夜的花朵来献给你呢，我的 2013？

一、 小我的呐喊

写完 2012 年的年度叙事已经是 2 月 12 日了，立春日已过，于是在 2012 年度叙事的结尾写下了这样一段话：

> 现在，我还要平静地告诫自己：一个教室里的农夫，需要用伟大美好的事物来充实自己，让自己变成美好的事物，多读书，尽量地多读书，你才能成为教室里真正的农夫。
>
> 2013 年的春天已经来临，新一轮的耕种又将开始……

按理，按这样的状态进入新的一年，我应该有一个良好的开端，我的

2013年应该如2012年一样走得平稳而宁静。可不知什么时候起，总有人问我："你好久退休哦？你真的要干到退休的那一天吗？"也不知从什么时候起，我回答别人的话变成了："下学期还有两个月，我准备只干完这学期，那两个月无论如何我要耍赖不干了。"我天天教育学生要控制心魔，控制小我，而我的心魔跳出来狂舞，我的小我跟随着我呐喊，我却不知不觉。

新学期初始，我在六年级办公室办公，我最喜欢听的就是六年级老师们说的："还有几个月就解放了，还有几个月郭孃孃就永久解放了。"听到这样的话心中无比得意，嘴里尽管回答："解放了，就离死更进一步了！"可心里却忍不住地想："我熬出头了，你们慢慢熬吧！"这样的心态，让自己天天盼望退休早日来临，让自己不再享受工作创造带来的快乐，工作变成了无边的劳役海中的无尽的劳役，觉得每天的日子是那样的难熬，觉得时间走得太慢，刚刚开学，就急切地盼望学期快快结束。由此，我变得焦躁不安，我竟然在第一周给家长的信中，写下了这样的文字：

> 学习也是个选择的过程，你是选择认真学习，还是选择应付学习；你是选择做自我实现的作业，还是选择不受惩罚的作业；你是选择我要学，还是选择要我学……孩子们就这样在一天天、一次次的选择中，成了爱学的人或被迫学的人。
>
> 其实，我也是在这样选择着。在一年级时，我就承诺，让全班孩子、家长因遇到我这个老师而感到幸运。于是，我选择了开展新教育的晨诵，又选择了开展新教育的共读……我的选择越来越多，目的就是要引导孩子们去选择优秀，去选择朝向卓越。这种选择，其实只是我的一厢情愿，并非是班级所有家长与孩子的选择。我的这种选择，只能是助愿意选择优秀、愿意选择朝向卓越的人一臂之力，我不能代替你和孩子的选择。我不能越俎代庖，但我可以选择奉献，我也可以选择不奉献；我可以选择奉献给全班孩子，我也可以选择奉献给部分孩子。
>
> 所以，这学期我决定我奉献的对象要满足下列的条件，即把我的

奉献当成奖品，奖励给选择优秀与朝向卓越的我要学的人。

天啊，回头看着这段文字，这是我写的么？我那时怎么这么无耻啊？以为自己是谁啊，以为自己是救世主啊？现在看到这段文字，我真的会脸红，我真的会惭愧，被小我控制的人，是何等的丑陋！

所幸我现在还能发现过去的丑陋，所幸我从阅读中成长起来了，才能在今天发现自己的内心丑陋的一面，否则还不知自己掉在欲望之海中挣扎而洋洋自得呢。

现在虽然明白自己当时真的不对，但那时还自以为是，才在致家长信中振振有词地叫喊。随着带领班级共读《特别女生撒哈拉》，随着共读讨论怎样让自己成为生活的主角，怎样让自己不断地变化成长，我的焦虑情绪消除了，但必定自己没有认识那样是丑恶的，是小我在不断地呐喊，内心还是对退休有一种期盼。因而在工作中遇到困难，有了一个客观的可以脱离的期限。于是每当遇到困难时，跳入我思维的程序为快点结束这段旅程，等这学期一结束，一切都与我无关。可毕竟又没有退休，还在工作着，虽然在全力地想办法解决问题，但内心的纠结真如《影之翼》中影大盗说的那样："痛快地遗忘昨天，匆忙地度过今天，却滑稽地期盼明天！明天！仿佛明天是个咒语！"这恶魔般的咒语让我痛苦地挣扎着，决心等这放假一结束，我就不再干了，与这个班脱离一切关系，即使我还要工作，我也要到北京丰台去工作，到那种团队里去工作，不再在这儿一个人挣扎。

丰台，似乎成了我的梦境，成了我可以逃离一切苦难的天堂；我更知道，那是一个为理想执着追求的团队，虽然是我最理想的最渴望加入的工作团队，但我这里的工作还没有结束，我不能虚度这段时光，我得在这里一如既往地工作着，工作又回复到享受快乐的状态。而对未来的选择却折磨着我，我渴望到丰台去工作，但我又担心真的到了北京，婆家和娘家的三位老人又怎么办，他们需要我啊，何况老公也因为眼疾不能干重活，更不能上灶做饭，我走了，他们又怎么办呢？彼岸与此岸的选择又摆在了我的面前，我犹豫着，彷徨着，不知怎么办，每天都处于纠结之中。

家人十分理解我。老公首先表态：别管我，你愿意去你就去，天无绝人之路，我总有办法生活下去。妹妹也十分支持我，别为老人而羁绊自己，有理想工作的地方就去，我们这辈子都没有选择工作的机会，现在有选择了就朝自己喜欢的地方去吧。大姑子也支持，有到北京工作的机会一定要珍惜，家里的事是管不完的，愿意去就去。亲人的理解与支持更让我难以抉择，他们都在为我考虑，难道我就不能为他们考虑吗？我知道，光我父母那一摊事，我和妹妹一起应付还忙不过来呢，我走后就得她一人担当，那不是更忙不过来吗？婆家的事虽然我在家也管得不多，但我不在家，老公就会成为他们的负担，我还能再给他们增加负担吗？这样的人是不是太自私了？不能自扫庭院，何以扫天下？不能齐家，何以治天下？自己家人都不爱，何以爱学生？如果说为了爱学生，为了改变中国的教育，我要抛弃家庭走天下，是不是有点滑稽呢？现在看到这样的道理，似乎很清晰，可当时就是在彼岸与此岸之间选择着，纠结着，每天搅得自己不得安宁。好在我能在全身心地投入工作中享受创造的快乐，可以暂时地忘却重新选择的烦恼。

在解读《银孔雀》时，看到织布匠为了理想可以舍弃弟弟，我发现我做不到，我不可能舍弃家庭去追求自己的理想，我决心不再离家，但我更渴望到那里去找到我的银孔雀。当时我真的以为只有在那里，我才能找到自己的银孔雀。这又变成痛苦折磨着我。

痛苦着，但对选择总算有个决断，可以不必再为此事考虑，我安心地工作着。当有人问我退休后怎么办时，我戏谑地告诉他们：坚守老公。我又以为我在牺牲自己，为家庭付出，而全然不知是内心小我无时无刻不在跟着我，我的每一句话里都有它的呐喊。

二、孤独是美丽的

我有时真不得不佩服自己，痛苦着照样把课程做得有声有色，2013年的新学期，带领学生共读《特别女生撒哈拉》，晨诵继续五年级上学期没有完成的"李白课程"后，又独自开发了"大唐边塞诗课程"，不断地把诗歌与孩子们的生命编织，引导孩子们赶走自己心中的"楼兰"。遗憾的是没有很好地与自己生命编织，赶走自己心中的"楼兰"。

农历的天空下，我整整做了一年多，看着孩子们在农历的天空下迅速地成长，我再次找到了独自工作的成就感，欢喜地继续前行。

我开始了《生命的孤独与丰盈——狄金森诗歌之旅》的课程。在选择诗歌的时候，在阅读狄金森日记的时候，我的内心在开始觉醒，我开始叩问自己，你能享受孤独的美丽吗？你能如狄金森一样，在孤独中追求生命的价值与意义吗？你能像狄金森一样即使不被世人所知，即使没有理想的团队也能坚守自己的理想吗？这样的叩问，我的心开始轻松起来，我要在孤独中吟唱自己的生命之歌。我再次作出决断，就在宜宾，哪儿也不去，照样可以追求自己的理想，追求自己的生命价值。有了这样的认识后，我不再痛苦，我的心快乐起来了，我要用我的生命为自己写下真正的诗篇。

在解读狄金森诗歌的时候，我把自己的这样的生命状态补充进了诗歌之中。我补白的第一首诗是《这是我写给世界的信》：

> 我，一个孤独的歌者！
> 如果没有人听见，
> 为什么还要歌唱？
> 因为我的工作是歌唱，
> 我的生命只为诗！
>
> 这是我写给世界的信
> 它不曾给过我一个字——说明生命的意义
> 是自然告诉我的简单消息——
> 生命以温柔而庄严的方式存在
>
> 我把她（生命）的信息交给了
> 我看不见的（你的）手里——
> 为了爱她，

> 我要不停地歌唱
> 写就庄严的诗篇
>
> 亲爱的，同胞——
> 评判我时，请用善意的目光看待
> 我的诗歌我的生命

我还为孩子们写下了这样的导读语：

> 亲爱的葵花们，狄金森已经告诉了你，她生命的意义——"我的生命只为诗！"那么你的生命的意义是什么呢？你会给世界写出一封什么样的信呢？

这与其说是写给孩子们的，不如说是写给自己的，让自己在孤独中不断地追寻生命的美丽。这个过程，虽然很艰难，但当这个课程走下来后，我真觉得自己越来越会享受一份孤独的美丽。在带领学生们走过狄金森诗歌之旅后，我也成长了。

三、我的梦幻岛

生命的成长，总会给自己带来欢愉，带来更大的创造力。我在自己的梦幻岛——向日葵教室快乐地创造着。

我继续在晨诵中带领孩子们创造着，成长着。狄金森诗歌，狄金森的日记，狄金森的生命，让我感受到孤独的美丽，让我更能忍受生活中的黑暗，我的心更加宁静。在做狄金森诗歌之旅这个课程中，我仍然是一人孤独前行，虽然有干国祥、马玲老师他们的课程记录给我启发，但他们的记录毕竟只有11首诗呀，还有近20首诗歌需要我做解读，做课件，独自前行。每做一首诗，都是那么的困难，总要花两三个小时。记得做《听一只黄鹂啭鸣》，当时很快就写出了我的补白。因为没有人讨论，我要在狄金森日记中找到根据来证明我的补白是正确无误的。我又打开狄金森日记读起来，直到找到狄金森的一段话：

> 随着夏日的到来，白日的时间变长了，薄暮伴随着清晨。现在是晚餐时间，我的厨房窗户笼罩着一片黄褐色的大地。今夜我颤抖地看着西方的天空点燃了树梢，而一股紫色的火焰正吞没着地平线。我们的眼睛不足以尽收这惊异情境。那我们的灵魂是否有更大的视野呢？我们是突发大火的一部分吗？或者我们不过是这场火焰之中，无助的目击者罢了。
>
> ——狄金森日记1867年4月25日

这时，我才确认我的补白没有错，是符合狄金森的原意的，我才再一次斟酌词句，力求更准确地补白，力求补白与原诗融为一体。

当我做好了课件，当我确定我已经理解了这首诗，理解了狄金森对待自然的态度，我才自信地写下了晨诵的导读语：

> 在狄金森眼中，自然神秘充满灵性，她带着尊敬、友善的态度与它接近，与它对话，融入其中。
> 请你写出你对自然的态度，写出你怎样与它相处。

导读语写完后，还没有完成任务，我还得找一幅图来与这段话互文，突出自然神秘充满灵性。这又是一个漫长的过程，至少我会找出五幅可做PPT的图，然后做成PPT，再来进行对比，选出最满意的用在课件中。

严格地说，每做一首诗的解读，都是一次灵魂的洗礼，每一首诗，都在激励我战胜困难。因为有这样的经历，所以在晨诵狄金森的《果真会有个"黎明"》时，孩子们读一小节，我就情不自禁地与之唱和起来：

> 果真会有个"黎明"
> 是否有"天亮"这种东西？

> 在狄金森眼中,自然神秘充满灵性,她带着尊敬、友善的态度与它接近,与它对话,融入其中。
> 请你写出你对自然的态度,写出你怎样与它相处。

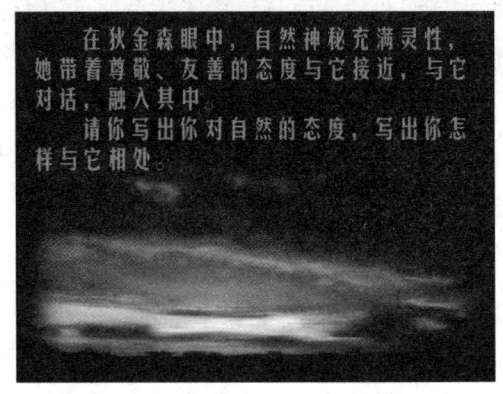

我能否越过山头看见,
如果我高与山齐?

果真有个"黎明"
确实有"天亮"这种东西
我不用越过山头就能看见,
因为"黎明""天亮"就在我心里。

是否像睡莲有须根?
是否像小鸟有羽毛?
是否来自著名的国家
——为我从不知晓?

像睡莲的须根暗中吸取养分
像小鸟有羽毛努力放飞希望
来自著名的梦幻国
——为我指明心的方向

哦,学者!哦,水手!
哦,天上的哪位圣人!
请告诉这小小的漂泊者

那地方何在,它叫"黎明"?

哦,学者!哦,水手!
哦,天上的那位圣人!
请告诉这小小的漂泊者
坚实地朝前走,就能找到"黎明"!

做课程总结,我想回头去找到一首诗歌,来说明我当时做课程的艰难,可当我打开一个个课件时,我惊异地发现,狄金森的诗歌是那样的自然、平实,对我来说是那样的亲切、贴近,没有一点理解的困难,要我补白应该是多么简单的事啊,可当时怎么就做得那么艰难呢?我笑了,我在艰难的创造中成长了。

五年级下学期,我们共读的第二本书是《彼得·潘》,我继续带领孩子们在童话剧中创造着。童话剧本来就没有可借鉴的模式,再加上我们每学期演的童话剧都采用了不同的形式,我们更没有现成的模式可借鉴,一切全得靠我们创造。

《彼得·潘》这部童话剧,需要的演员二十多个,我们班刚好可以分成两个组来排练。基于原来在排练童话剧的过程中,有的人善于与同学合作,善于担当责任,而有的人则反之。因此,如果用自由组合的方式来分组,绝大部分人都要与善于担当的人一组。我一看这架势,一是已经无法分组了,二是想到要让孩子们学会与各种人合作,学会担当责任,我就按体育队形来分组,第一排的女生与第一排的男生组合,第二排的女生与第二排的男生组合。老天真会捉弄人呀,当分组出来后,我们班会舞蹈的人全在一个组里,而会唱歌的人又在另一个组。歌舞本来是一家,却把长于歌与舞的孩子分开了,一个组有唱歌的,没跳舞的,另一个组则是有跳舞的,没唱歌的。这既考验我的指导与创造能力,又考验孩子们的合作与创造能力。

二十六个人一个组,很多时候,不可能二十六个人一起排练,候场的人很多。怎样排练?怎样节约时间?我们创造了排练的人场上排练,候场的人做作业的模式。我们还创造了一个队又按剧中不同种类的人物又分成组，如小孩组、印第安人组、海盗组，每天每个小组各领自己的任务，各小组排练好之后才整合为一场戏。这样既保证了排练，又节约了时间，让每人在每个时间都有事可做。

　　舞蹈人员的分配不均，让没有舞蹈人员的小组陷入困境。他们这个小队排练舞蹈就直接借用了当时我们《青鸟》童话剧的舞蹈。我看了，断然否决，并告诉她们必须排练出具有印第安风格的舞蹈。可孩子们告诉我，他们从来没有看过印第安风格的舞蹈，根本不知道印第安风格的舞蹈是怎么回事。我笑着告诉他们，我看过印第安风格的舞蹈，我能判断你们的舞蹈有没有印第安风格，但我不能教你们，因为我也不会舞蹈。但不会就不能创造吗？如果所有事情都要老师教才会创造的话，那叫创造吗？我虽然教不来你跳舞，但我教过你获得信息的方式，教过你根据自己获得的信息来创造的方法。孩子们恍然大悟，立即上网搜印第安风格的舞蹈视频，观摩学习，最终编出了具有印第安风格的舞蹈。

　　五年级下学期，孩子们开始进入青春期，他们对异性的好感随时随地地显现出来，但他们不知道怎样用美好的行为获得同学的好感，不知道怎样珍惜这样的美好感情而不陷入其中不影响学习。因而他们总是用恶搞的方式来吸引别人的注意，陷入恶搞中而不能自拔。有孩子明确地告诉我喜欢某人而影响学习。

　　面对这样的现实，我必须带领孩子们解决问题。我们结合《彼得·潘》共读，讨论了温迪爸爸怎样在众多追求者中获得温迪妈妈的芳心，男孩子怎样才能在女孩心中留下美好的印象，怎样在担当责任创造美好中赢得自己的尊严，赢得女孩的喜欢。女孩怎样才能成为众多男孩喜欢的对象。男孩女孩怎样相互珍惜这样美好的感情，怎样从游戏中回归现实，担当起自己当下的责任。在童话剧中，我们又把男孩与女孩分开，指导在童话剧中男孩、女孩应该怎样做，共同创造美好，让自己真正长大。

　　五年级下学期，家长们开始为孩子们的初中学习考虑选择学校的问题，社会上各种学校也开始抢五年级的生源。孩子们被迫提前卷入升学的应试之中，可能受到伤害。作为老师的我，必须要面对如此现实，在我们的梦幻岛创造出一个和平安宁的环境。

说老实话，我无法阻止家长们带着孩子们东考西考，接受本不科学的考查与评判，承受那追逐利益带来的伤害。比如，绵阳东辰学校到宜宾来招生，只考数学，而且多带奥数性质的题目。这样的考试，有利长于数学的孩子，却对长于语文的孩子是个莫大的打击。比如，我班学生唐诗淼，她是我们班的白天鹅，最具诗人潜质的孩子，她的生命特质属于形象思维，又加上她平时没有参加奥数培训班的学习，虽然她的数学成绩优秀，但她无疑是用自己的最短处与别人的长处竞争。在四五百名考生中，能考上东辰免费生的仅是30人。这30人中，我们班有好几个孩子入围，她却以第32名落选，这让她备受打击。没想到她家长不仅不接受教训，反而对她进行奥数集中培训。每天只让她到学校上半天课，中午回到家，吃过饭就开始奥数的学习，直到晚上11点以后。一个月后，又带她到成都参加一个名校的考试。那个学校的考试更是畸形，虽然语文数学同时考，但数学必须在60分钟内完成70道题，且有许多是奥数题，得分还得在70分以上才能录取。她在这次考试中，语文成绩名列前茅，语数的总分远远超出了录取分数线，但她又以数学68分而落选。两次应试的"失败"折断了白天鹅的翅膀。考试回来后，她满眼茫然。在童话剧的排练中，孩子们都能找到自己应该做的事，各自投入到各自的创造中去，而她却不知所措，不知道自己应该做什么，我叫她做什么，她半天反应不过来。白天鹅的翅膀在应试之中屡遭折断，看到她的迷失，我心痛得想掉泪。

我强迫她参与到童话剧的排练中，让她不断地在童话剧中找到成功的感受，我找她父母交流，让她阅读狄金森日记，特意为她编织生命朝向的网，我为她写的生命叙事：

> 唐诗淼啊，这学期你的诗人的潜质再一次展现。当我们进入狄金森诗歌之旅后，你的诗歌作品，可以说是班级中最闪亮的星星。记得你的《诗与音乐·神游》这首诗，把诗歌与音乐融为一体，把上课走神与对诗歌的深入思考融为一体，既有理解的深沉，又有想象的浪漫，还有童真的活泼；你的《生命的风筝》对生命的思考，对生命的

珍惜，对生命的执着，借助风筝这一意象表现得含蓄而形象；你的《诗歌生命》用诗歌的意象，歌咏自己的生命状态，吟唱出"守得住孤独，才能超越别人"这种超越你年龄的深刻的生命体验；最终在一首无名诗中，表达了你对卓绝的看法，让我们看到你已经超越了表扬与批评，有着坚定的内心，要创造生命的奇迹！唐诗淼啊，你不仅让我们看到你的成长状态，更让我们看到了你的诗人的天赋与才能。你知道郭老师为什么如此兴奋，因为你是我教书三十几年来遇到的唯一！为此骄傲与珍惜吧，即使不当诗人，也让这样的才华保留在自己的生活中吧，保留住诗人的浪漫与纯真吧！

　　唐诗淼啊，你是我们班学习语言潜力最好的人，你的语文学习出类拔萃，你的数学成绩也一直保持优秀。我真有点不明白，你怎么就会因为数学而有点自卑呢？每个人的生命特质不同，你的长处重在形象思维，但你的抽象思维也不差啊；正如丁致远的长处重在抽象思维，但他的形象思维也不差一样。其次，你的数学成绩没有语文成绩那样优秀，是因为你在数学上花的功夫远远少于语文上下的功夫，你阅读的书也多在文科方面，而在理科，特别是数学科上少。功夫不够，自然就会有落差了。对你学好数学，老师充满了自信，相信你一定能学好，因为聪明的你，只要想做的事就没有做不好的。加油，不必为此自卑，超越就能让丑小鸭变成白天鹅，你一定行！

　　唐诗淼，体弱的人对生命的感悟更深刻，对生命的热爱更强烈。这也许是你的诗歌能写出超越你年龄特点的生命感悟的原因吧。哈哈，用生命代价换来的诗歌真是感人，但我们不能沉溺于这样的状态之中，丑小鸭也能变成白天鹅的，羸弱的身躯是可以变得强壮起来的。当你把身体的羸弱变得强壮起来的时候，你收获的不仅仅是健康，更重要的是意志的坚不可摧。老师相信你，一定能找到一种适合自己的锻炼方式，把身体炼得棒棒的，把意志炼得坚如铜墙铁壁。

　　唐诗淼啊，老师憧憬着有一天，一位身体健壮、有诗人气质的女数学家站在我面前，我一定会欢喜得老泪纵横！会是谁呢？那就是生活中的"黄蓉"——唐诗淼女士！

我为她五年级下学期的生命这样颁奖：

我就这样像夏洛一样，不断地为我的孩子们编织生命朝向的网，我希望用我的创造，成就孩子们，让他们充分发挥自己生命的潜质，在各个不同的方面作出自己的贡献，追寻到自己生命的意义。

五年级下学期，最大的创造莫过于语文学科追求理想课堂的三重境界。说真的，自己带的班，又有海量阅读作基础，语文课堂上孩子们对文本的理解的深度与广度总让我兴奋不已。一学期下来，整个教材的课文才28篇，我们补充的课文学习高达23篇，在思中精确理解，孩子们的语文素养不断提高。

四、 终结与起程

童话剧排得如火如荼，每晚都在为孩子们写生命叙事，正忙得不亦乐乎时，童喜喜给我QQ留言，问我是不是这学期过了就退休。如果是，她将来我们班，为我的退休留下点资料。当时，因为工作强度过大，我感觉身体已经亮起了红灯，我只有用退休的方式让自己停下来，否则我真不知道自己能坚持到什么时候。

这时的我，异常宁静，我既不希冀自己退休有一个完美的结局，我更不要求别人对我有什么评价，我自己冷静地审视着自己一学期走过的历程，我知道我哪些做得好，哪些做得不好。

我对自己的努力还感到比较满意，起码我没有虚度自己的这段时光，结论是精力与时间永远不够用，如果还有精力与时间，我将会做得更好。

　　对自己审视后，发现自己真的是太累太累，真是需要休息一段时间了。在学期叙事结束的时候，既想表达自己要谢幕的真实想法，又不想让孩子们与家长因为我要退休而引起骚动。因此，在叙事结束时，我用了狄金森的诗歌《诗人们只把那些灯点亮》含蓄地表达自己退休的想法。

　　学期结束仪式即将开始，一个花店的人送来一束鲜花和一个没有留名的家长写给我的信，希望请班级中朗诵好的人为她朗诵，表达对我的谢意。她的文字质朴而充满感情，我知道这是对我的最高奖赏，我即使退休也无憾了。

　　学期仪式、童话剧表演结束后，班主任安排了孩子们给我献花。这时我才真切地感受到我将离开我喜欢的讲台，离开我喜爱的孩子们。在我感谢家长们对我的支持，感谢家长们为了孩子们的成长付出的辛勤努力时，热泪已经盈满眼眶，但我强忍着不让它流下来，因为我知道，我的泪水一流，敏感的家长们一定知道我下学期将退休，一定会引起一阵骚动，我想悄悄地离开，不需要任何仪式，让孩子们平稳地过渡到六年级的学习生活中去。薛晓哲大编辑敏锐地捕捉到这一瞬间，为我定格这一珍贵时刻。

　　回到家，我长长地舒了一口气，一切都结束了，感到无比轻松。因为童喜喜和薛晓哲光临我们的期末结束仪式，因为有薛大义工拍相片，我第一次在学生演童话剧时没有举起相机，尽情地观看着孩子们的表现。按往年的惯例，那天晚上我应该坐在电脑前整理童话剧的相片，看着相片回想着整个童话剧过程中的一个个故事，想想哪些地方做得好，哪些地方还有遗憾，哪些地方还可以怎样改进。可那天我没有相片可整理，短暂的轻松后，失落迅速地占领我的心，空虚到了极点。曾经对退休生活的构想，曾经盼望着退休后做的事情对我没有一点吸引力，我问自己："今后的生活就这样，散漫得没有节律？"我像跌进了无底的深渊，我盼望已久的退休生活还没有开始就已轰然倒塌。我突然明白，我离不开学生，离不开我深爱的讲台，我不能就这样在散漫的生活中等死，我不能让自己还活着就已经死了，我得活着，我得有成长，我得成为自己生活的主角，直到趴下为止。

我得重新开始,我得回到讲台。可是回到哪里,是向日葵教室,是丰台,还是罕台,我有多处选择,可我犹豫不决。这时,我想到罕台去看看他们的学期结束仪式,想去看看自己与他们的差距究竟有多大,我戏谑地称我要"死"个明白。

就在这时,我得到了我们陈刚校长的帮助与支持。他尊重我的所有选择,不管我到哪儿。他给了我自由的空间,愿意做什么就做什么,他为我配备了一个助手,名义上是我的徒弟,担任我们向日葵班的班主任与语文老师。他给我的任务是:第一,好好休息,好好调整,上班不用遵守学校的作息时间,根据自己的身体状况来决定工作量;第二,带着徒弟追求理想课堂的三重境界,开展新教育的课程;第三,把工作辐射到全校,推动学校晨诵工作的开展;第四,能多带几个徒弟,就多带几个徒弟,帮助年轻老师成长,促使他们成长为新教育所需要的教师。我们的校长,就这样知道我的心,我还有什么可选择,我决定继续在自己的学校"活"下去。

在陈校长的支持下,我飞到了罕台,我观摩了罕台新教育实验小学的各个班的学期叙事、颁奖仪式与童话剧,我找到了成功的感受,更找到了努力的方向。我用这样的方式来终结我的职业旅程。接下来我参加了罕台的哲学共读,用读哲学的方式来开启我的自由的旅程。虽然读《时间与存在》这样的哲学著作读得晕乎乎的,但我能更清晰地明确自己的存在方式是否正确,为我自己而高兴。在读哲学读得晕乎乎的状态中开启一段新的旅程,真是特别啊。

五、 冲动与后悔

2013年有一段经历是无论如何也绕不过去的冲动与后悔。在童喜喜告诉我要来我校参加我们班的学期结束仪式时,她同时告诉我朱永新老师希望我退休后去北京朝阳新教育小学工作。我当时断然拒绝。因为在一年前,魏智渊老师就向我发出邀请,希望我退休后到北京丰台新教育小学工作。不要说我没有决定到北京工作,即使我要到北京工作,我也应该到丰台。因为都是新教育学校，都是做新教育，对我来说工作都是一样的，但我不能因为发出邀请的人有职务大小、师徒辈分的差异而选择前者吧，做事总得讲个规则，讲个先来后到吧。

　　最后，我选择留在自己学校工作。这样既可以工作，又可以照顾家庭，对我来说才可能真正地过幸福完整的教育生活。我是个恋家的人，我历来认为，做教育是上层建筑的事，不是打仗冲锋陷阵，不应该牺牲家庭，否则就谈不上教育，否则这样的教育是畸形的。当我这样决定后，我回复了魏老师、童喜喜，告诉了他们我最后的选择。

　　就在罕台共读要完的时候，喜喜给我发来短信，让我到北京有事与我商谈。共读后，我到了北京，与喜喜商量的其他事情都很顺利，她又提到去朝阳工作的事。我还是拒绝。第二天中午，他们去郑州前，朱老师请我们吃饭。朱老师一来，就拿出送给我的书，并翻开扉页，给喜喜看，说："快看，我给飓风大姐写什么了！"他那灿烂的笑容如孩子一样天真。我们一看，他题的词是："朝向太阳，再创辉煌！"大家一看就明白了，他是希望我去朝阳。喜喜马上叫起来："啊，您，您，说好今天不说这事儿的，您却一来什么都不说就说这事！"我知道，朝阳需要人，朱老师为此很着急。但我说什么也不同意到朝阳去。我找的一切借口朱老师都能想办法解决，让我感受到他对新教育的挚爱。然后朱老师又拿出给新父母研究所年会的贺辞念了起来。看到朱老师对新教育如此执着，为人又如此率真，我真的被感动了。就在朱老师与李西西去外面谈另外的事的时候，在童喜喜的鼓动下，我冲动地答应了一边呆一段时间。

　　当喜喜他们几人去火车站奔郑州后，我独自赶往外侄女家的路上，我就为自己的冲动后悔了。现在看来，当时真的把自己当做一个人物了，真的以为自己到朝阳去救苦救难似的，以为自己要做好大的牺牲似的，以为会很累很累，又生怕精力不够影响向日葵班的课程。回到宜宾后，又是无数日的纠结，理不清头绪。经过十多天的纠结后，自己终于弄清内心的渴望，就宜宾与朝阳比，其实宜宾更需要我，我也更需要在宜宾把这一轮的课程做完，好为学校今后开展新教育工作积累点资料。而学校陈刚校长又从学校的角度为我减轻了许多负担，也为我提供了可去朝阳做义工的时间，他还让我从学习的角度去朝阳。这样看问题的角度变了，解决问题的方法也就有了。于是，给朱老师写了一封信，向他汇报自己的工作重点在宜宾，在朝阳需要时去做点义工。得到了朱老师的理解与同意。

六、准备前行

一切问题解决后，我开始准备六年级的晨诵、共读课程。

我开始再读《草房子》。《草房子》这本书，从出版开始我就拥有，不知看过多少遍，我女儿特别喜欢陆鹤的有关章节，有些段落她熟悉到近乎背诵的地步，而我则喜欢《药寮》部分，也许是我自己长期生病吃药的原因吧。我记得自从看过这本书后，对吃药再也不感到难受，甚至以前难以下咽的药丸可以放在嘴里当巧克力来慢慢咀嚼慢慢回味药香。这次再读《草房子》，对书中各个人物的理解与以前完全不一样了，我理解了每个人的性格特点及追求的人生价值，我知道这本书可以给六年级的孩子带来人生的榜样。

其次我又读《影之翼》。《影之翼》也是一本一出版我就拥有的书。我们班每年12月都要自读一次。每次读，我都觉得这本书不仅仅只讲热爱和平与憎恨战争，她还有更重要的东西，但每次读我都知道自己没有理解透彻。我曾经三次计划班级共读，可我都没有敢轻易开始，我害怕我不能带领孩子们走进《影之翼》而浪费了一本好书。这次再读，我一下子明白了她不仅告诉了我们为什么不能忘却南京大屠杀的史实，她还可以带领我们探讨一切战争的根源，探讨怎样摒除人性中丑恶的部分，探讨人生的价值与意义，也就是说，她能回答人为什么要成为《草房子》中的那样的人。

我又读《永远讲不完的故事》。这是一本堪称西方《西游记》的书。是的，它与《西游记》一样，都在带领人追寻人生的"灵山"。如果说《西游记》还有西方可朝向，那《永远讲不完的故事》就连方向也没有，它更象征了人在寻找人生方向时的迷茫，它告诉我们只有坚持不懈地追寻，才能找到自己心中的"灵山"。

当这几本书读下来，我发现我一下子对这些书的理解比以前到位多了

——过去与现在、黑暗与光明、个人生命与世界生命、短暂与永恒等的关系我都有一个清楚的认识，更重要的是我知道怎样带领学生借助这些书去追求生命的价值。读哲学的效益出来了，"无用"之书发挥的作用在这里显现出来了。

这些书读过后，我决定六年级上学期班级共读《草房子》和《影之翼》，演童话剧《影之翼》，晨诵泰戈尔的《吉檀迦利》。西门小醉在六年级下学期做过《吉檀迦利》的晨诵，当时我以为我可以共享他的课件，所以，我认为我的课程基本敲定，就等我慢慢去实施了。

七、逾山越谷

新学期开始了，一段自由而从容的旅程开始了。我又开始新的晨诵。我的设想是一学期都读泰戈尔的《吉檀迦利》，没想到从小醉那里要来的课件只有17首，这与我的想象相差太远。好在小醉的课件有开头几首诗，我跟随着小醉在课程中的追问，去领会诗歌。我跟着他的课件似乎都读懂了，但在课堂上总不能出入自如，我明白了这是我准备不够的原因。于是，尽管有小醉的课件，我又开始一首首地解读泰戈尔的《吉檀迦利》，把那些诗歌与自己的生命结合起来，我选出适合诗歌和学生生命特质的音乐，与诗歌相配，那种追寻生命意义的神圣感一下子出来了，我也能在课程的实施中出入自如了。

读泰戈尔的《吉檀迦利》可以让自己的灵魂安宁。我虽然不在乎名利，但总不能彻底忘掉，有时在名利面前还有些不能释怀，小我总是跟随我。在读第6首的时候，对名利的看法更清晰了，我写下了如此的解读：

为了你，我的生命开出了一朵小小的小小的花。它是那么娇嫩，那么羸弱，我要把它献给你。我怕它在赞扬的阳光中萎谢，我怕它掉在名利的尘土里被埋葬——人很容易在成绩面前沾沾自喜，在名利面前迷失方向，停滞不前。当人不再成长时，就像花一样萎谢了。

它初绽无华，也许配不上你的崇高的花冠，但请你采折它，以你的手采折下我失去名利的痛苦来给它光荣,给它荣耀——有时人失去了名利会沮丧、痛苦。只有摆脱名利的束缚,生命才会纯粹,像花朵盛开一样美丽无瑕。

我害怕我还沉醉在名利的光环中不能警觉,我怕我还没有倒空自己那脆薄的杯儿之前,日光已逝,供献的时间已经过了。

虽然它颜色不深,香气很淡,但它是那样的纯洁,它的香气仍然能向四处飘逸,它是新生命的希望,请仍用这花来向美好的事物致敬,趁着还有时间,就采折吧,让它也成为美好的事物。

我为什么这样写呢?因为学校正在评优选先,有些人没有评到,忿忿然,看到他们如此在乎名利,我告诫自己别在名利中迷失自己,像花一样萎谢了,但我有时确实很在乎自己的"花朵"有没有人认可。比如,做网师的作业,当自认为很好的时候,总希望得到"优秀",甚至没有得到时心里还多多少少有那么些不舒服;有时自己觉得最好的成绩,虽然不需要别人的表扬,但总会在心里沾沾自喜。自从解读了这首诗后,一旦沾沾自喜,我就会告诉自己,花朵又掉在尘土里死掉了。我在跟随泰戈尔去逾山越谷中,有了这样的感受,我的心快乐地要飞扬。

自己不去追逐名利很容易,但自己的成果被别人用了,被别人拿去追逐名利,你还能坦然吗?很多人都有这样的遭遇。在读泰戈尔《吉檀迦利》第41首的时候,明白了怎样理解这个问题,我写下了这样的解读:

我仰慕、追逐你已久,我在跟随你的路上开出了香花,我要献给你。可是你躲在哪儿去了呢?而他们却要去追逐另外的情人。我找不到你,感到疲惫,我摆开我生命中最艳丽的花儿来等候你。他们把我的香花拿去了。我的花篮几乎空了,我却不愿意回家,要等候你与你相会。

我的清晨、中午都过去了。在暮色中,我已倦眼蒙眬,我还在等待。回家的人们嘲笑我那么傻。当他们问起我要什么的时候,我垂目没有回答。我满心羞愧,我本应开放生命之花来与你相会,却像女丐乞求施舍一般地坐等你的降临，我无颜与你相会。

我一直生活在和你相会的希望中，因为你答应过我，你一定会应约前来。我如此真心地爱着你，他们不懂你，也不懂我。我也不会把我对你的感情告诉他们——除非他们愿意接近你。

唉，我以为我献给你的是我生命中最艳丽的花儿，我当时以它为骄傲。可我现在才明白，那些花是那么地羸弱。我没有继续开花，又怎能惭愧地说我献给你的礼物少得那样可怜。

我梦想着与你相见的豪华场面……唉，我再一次落入了欲望之海，向你乞求华贵。我忘却了丑小鸭成为白天鹅永远不会骄傲与炫耀，他是那么谦卑；我更忘却了你永远都在最贫最贱最失所的地方歇足，我这褴褛的丐女，还需要在暴风中抖落身上世俗的尘土，与最贫最贱最失所的人们作伴，我才能与你相见。

时间流过了，我还听不见你的车辇的轮声，因为你不会乘车而来。许多仪仗队伍都在光彩喧闹中走过了，你与他们背道而驰，走在孤独的美丽中。我再继续等待你的到来，就只能哭泣着把我的心折磨在空虚的伫望之中，永远无法与你相见。

我现在才明白，走近你的路永不平坦，只有不断地追随你逾山越谷，不断地开出花来，让自己成为美好的事物，才能与你相见，找到自己生命中的那支莲花，吹奏出永新的音乐。

在读这首诗以前，我一直都在纠结是否要分享我这几年做的课程资料。读了这首诗，我明白了，人应该不断开出生命的花来，不断地传播美好，才能让自己成为美好的事物。因此，我决定，只要有人愿意用我做的课件，我都分享，让更多的人传播美好，让更多的孩子受益。

这时我真为自己心中的小我的存在而惭愧。当我再看世界时，我发现在我的现实生活中用自己的花朵给世界带来美好的人比比皆是。网师的讲师们、组长们，他们不是长年用自己的花朵美好世界吗？在北京亦庄实验小学，我有幸跟着芷眉听了她的一天课，看到了她怎样在传播美好；我又有幸遇到了李振村校长，他的言行无一不在传播美好。小我被他们囚禁在胆瓶深处，他们的心灵纯净得如一汪清泉，他们都是我追寻的榜样。

读泰戈尔《吉檀迦利》给自己带来的快乐就是不断地让自己的灵魂净化，给生命带来全新的生长。在去北京朝阳指导年轻老师做课程的过程中，我遭遇到我最不擅长的与各种层面的人打交道的事。我在学校的时候，与各种层面的人打交道，出了什么问题都有校长作后盾。这些也是我不当教导主任的原因之一。离开了校长们为我构筑的安全港湾，我是面对，还是逃避？其实，我完全可以逃避的，因为我做什么完全可以自己决定。但这时我已经共读过了《草房子》，我已经知道了面对自己的缺陷，只有为世界带来美好才能获得尊严，只有面对困难并战胜它，才能获得真正的幸福，不管在什么样的环境中都要像杜小康一样追求高贵。我必须在追求人生意义的逾山越谷中吹奏永新的音乐。这时再读《吉檀迦利》的51首，我就有了更深切的体会：在追求伟大事物的逾山越谷中，只有让自己美好起来，才能让世界美好起来，也就是说在经历风雨时，激励自己的不仅是看到彩虹，而是成为彩虹的一抹亮色。于是，我写下了这样的解读：

我总是在跟随你逾山越谷，我总是不能与你相见，我以为离你还远着呢，我以为我只能远远地仰望你。

在追寻你的路上，我却不懂得，你就在风雨中，你就在雷电中——只有经历了风雨，才可以见到彩虹——更重要的是与你在风雨中同行，让自己也成为彩虹的一抹亮色。

我还在沉睡中，我还没有准备好迎接你，没有准备好与你相会。可你却来临了，我应该怎么办呀？要完美了才能与你相会吗？不！我追寻你不就是让自己不断地以新生命来充盈那脆薄的杯儿吗？正视自己的缺陷吧，迎接你的到来，在乌云变成彩虹中赢得尊严。

我还没有为你准备好明亮的灯火，没有为你准备好绚丽的花朵，也没有为你准备好高贵的宝座。我太丢脸了，一切高贵的陈设都没有。一个声音对我高喊：高贵本在最贫贱最失所的地方，放下你的高贵吧，你才能真正地获得高贵！

打开门吧，在风雨中，在雷电中，勇敢地面对苦难，顽强地战胜苦难，迎接你的到来，享受那成为彩虹、赢得尊严和获得高贵的甜蜜幸福吧！

我就这样，在每周解读四首泰戈尔的《吉檀迦利》中成长着。我的孩子们也在跟随泰戈尔去逾山越谷中成长着。在读了《吉檀迦利》第一首的时候，唐诗淼就写出了这样的诗歌：

倾注生命的歌唱
　　唐诗淼
我用心地歌唱。
每一个音符、一个字，我都倾注了全部精力。

当声音从我口中发出时，我也震惊，
在耀眼的神明面前，
我不跪倒，
只全心全意地歌唱，
唱出生命——

我是那个歌者，
就当我投入生命去做的时候，
一个声音唤醒了我，
"过来吧，为我歌唱"
是那真神的召唤。
是为什么？

是的，我爱我的使命——为所有人歌唱！
日夜所劳，我把自己
埋进了歌者的沙子里
正因为这样

我才得到了伟大事物的召唤！

神说
"许多人已把生命托付给我。"
我却不一样
把生命托付歌唱 ——就像夜莺
听啊——
那声音，在树林上空久久地回荡。

当读着这首诗的时候，我高兴地流泪了，因为我知道一个折翅的天鹅伤愈开始飞翔了。当我们读了《吉檀迦利》第103首后，王小朵写出了这样的诗：

漫漫长路　仔细回望
王小朵

死神
一个令许多无知的人
恐惧的字眼
在这最后的时间
我正压住死神
对生命走过的一程做总结

在这最后的旅程中
在这一期的繁忙的学习中
我迎接了一次死神的来到

得知一个职位（失去）时
我丢脸地哭了
即使同学送来安慰

慢慢将我的丑恶驱散时
我却为那一份份
无声的、好似利箭的安慰
刺穿了我的心
刺破了的心官深处，鲜亮的水果
现在已经开始腐烂了

不断重复一件不经意的错误
是要让曾经的错误，不会过去
它保存在许多人的脑海中
我翻动我的记忆结
永远不让它腐烂后化作风雨

脆弱的我，坠落的我
在善良的人的帮助下
一步步走向夏天金光闪闪的海滩

没有你的陪伴
我在童话剧中努力排练
组长有一颗飘浮的心
组员有一种怠慢的惰性
不是我就没有一点错
我也错，但在努力改正
尽量把心思放在排练上
手足无措时，我也不能沉默
因为这样的沉默无语不仅仅是为自己

我揭开了一层幕布
把最完美的自己

献上给你
我亲爱的主人

谁能叫时间
拉住他
让我仔细回想一切的事
开心、快乐
我在所不惜地告诉

时间,希望你记住
每天深夜十二点
你会结束旅程,开始旅程
但不要叫醒我
我会自己珍惜你

这个从丑小鸭变成白天鹅的花朵朵,她在诗歌中回顾了这学期为竞选班长失败后的哭泣,她由此感到莫大的耻辱,她回顾了自己在童话剧中作为组长带领小组的人排练童话剧中,自己努力向内寻找原因解决问题的过程,最后表达要珍惜时间、珍惜生命。孩子们就这样在泰戈尔的诗歌中学会了淡泊名利,担当责任,珍惜生命,不断地去追寻生命的意义。

这一学期,我们向日葵班的师生,在跟随泰戈尔去逾山越谷中,生命都得到了快速的成长。

八、以"影之翼"飞翔

2013年,我终于织出了自己的银孔雀——《影之翼》的共读课程、《影之翼》童话剧本和带领孩子们排练并演了三台《影之翼》的童话剧的历程。

这些都是人们看得见的银孔雀,其实我更珍爱的还是人们看不见的银孔雀，那就是我内心对"恕"的理解与践行。

我想写我"恕"的故事，我发现那些红色的记忆结已经变成了蓝色，那些故事已经用另一种形式存在于我的记忆之中，那些痛苦已经变成了快乐，它已经变成力量鼓起我的"影之翼"飞翔起来——我正在用我自己的力量给世界带来美好。

在以我的"影之翼"飞翔的过程中，我收获最大的是不再为人有恶行而纠结，也不再为自己在哪里工作而纠结，那是因为不管在何时何地，我们都要摒弃内心的小我，强大真我，都要点亮自己，照亮世界。

九、 网师磨砺

我的2013，走得非常纠结，似乎进三步退两步，转一个圈儿又回到了原点，但总的说来我的生命是在发展变化着，是在成长着，这些都源于网师的磨砺。

2013年，在网师我盯住两门课程"从学习到教学"和"网师文本解读"。在网师的学习，我已经把它定位为充电与磨刀。原来总希望在网师有个好成绩，自从读了泰戈尔的《吉檀迦利》后，我不再追求别人对我的评价，我更看重的是我在做作业中的成长。我越来越感到外在的评价真不能衡量出我内在的成长，就如这学期苏轼的诗歌解读，因为我去年做农历课程的时候，已经做了一个小小的"苏轼课程"，对有些诗进行了解读并与自己、学生进行了编织，更何况"苏轼课程"是以西门小醉做的课程为基础做的，所以苏轼的有些诗我很熟悉，当做这些诗的文本解读时，我做得轻松，但在原有基础上的成长真的不大，可作业得"优秀"的可能性极大；而那些不熟悉的诗歌，做得极其艰难才能完成作业，我边做边学，边学边提高，收获极大，但每每这样做的作业却得不到优秀。这让我再次明白了在网师的学习，如果还要以外在的评价来衡量自己的学习，自己不能够判断自己是否有进步，不能判断自己的收获是什么，缺陷是什么的话，那真是白读网师这么多年了。因此，我把网师的学习当成是磨刀，我需要在网师这块磨刀石上，把自己的刀磨快，我才能以一个教师专业的水准来解读文本，对学生进行全面的教育。

如果说，我的生命 2013 年还在成长，那是因为有网师这个共同体。如果没有网师，也许我早就死去，不再成长。因此，网师是我一切成长的基础。

2014，我将继续在网师这块磨刀石上磨刀，让自己有成长的可能性。

十、不可而为之

我的 2013，最不能忘记的就是在 12 月 22 日凌晨，把朱永新老师接到宜宾，在 22 日上午在江南会场为宜宾市近 600 名校长与骨干教师作题为《过幸福完整的教育生活》的报告。

我们宜宾翠屏区教育局想请朱老师到宜宾来推广新教育由来已久。在 2012 年年底就曾委托我与朱老师联系。无奈朱老师一直很忙没能成行。2013 年 10 月，教育局又再提此事，并再度委托我与朱老师联系。朱老师只说到时再说。直到 2013 年 12 月中旬，朱老师明确地告诉我他没有时间来宜宾了。后来，在他要去罕台前，又告诉我 22 日有一天时间，看看能不能在罕台参加完活动后立即到宜宾，22 日作报告，最好是 22 日能回到北京。

我知道，每天北京与宜宾来往飞机只有一个航班。早晨 8 点从北京起飞，上午 11 点半飞北京。也就是说，朱老师来宜宾只有在 22 日上午 10 点 50 前做完报告，否则就无法回到北京。但当我查找从鄂尔多斯到宜宾的最快线路时，我发现，只有乘坐 21 日晚鄂尔多斯飞成都的飞机，然后再乘车到宜宾，这样到宜宾的时间至少是 22 日凌晨 1 点半后。也就是说，朱老师从离开罕台新教育小学到宜宾这一路得汽车——飞机——汽车地奔波近 7 小时。我当时一看这旅程，觉得这样朱老师太劳累了，真不想这样折腾他。我给朱老师两套方案，一是 21 日晚到成都后休息，22 日上午到宜宾，下午作报告，23 日中午回北京；二是 21 日晚到成都后再到宜宾，22 日上午作报告，中午飞回北京。最终，朱老师选择了 21 日晚连轴转的艰苦行程，到达宜宾比预计的时间还晚了半小时，已是 22 日凌晨 2 点半了。

在罕台，干老师、魏老师他们听说了朱老师的安排，都非常心痛。魏老师说："怎么能这样折腾我的老师呢？"我深感内疚，连声说："真是我的罪过！"朱老师赶紧解释说："飓风大姐邀请我去宜宾已是一年多的事了，只是因为太忙一直没去成。这次去就当是为新教育播种吧，想想我们的好多实验区都是因为我去作了一场报告而产生的。说不定我去作了这场报告，宜宾哪天也就成了我们新教育的实验区。"干老师说："朱老师就是这样，总是在做在我们看来不可为的事，不可为而为之，就创造了新教育的奇迹！"

后来在从罕台到鄂尔多斯机场的路上，我还知道，罕台新教育小学的所有人都反对朱老师到宜宾，东胜教育局的领导也反对朱老师到宜宾，我还知道东胜教育局已经准备了好几所学校进行新教育的展示，等着朱老师去视察，没想到朱老师被我"抢"到宜宾，打乱了他们所有的计划。在从成都到宜宾的路上，我还知道邻近我们宜宾的泸州，政府出面邀请朱老师去，朱老师拒绝了。

朱老师在宜宾的行程：22日凌晨2点半到宜宾，早晨8点半开始作报告，直到10点45分报告结束，离开会场直奔机场。在机场候机的短暂时间，朱老师也一直与我区的副区长、教育局副局长、师培中心副主任、我校的校长等谈新教育。

朱老师就是这样，不可为而为之，创造了新教育的奇迹。这是我2013年亲身经历的故事。它将激励我为新教育不可为而为之。

朱老师回到北京后还发微博说明为什么到宜宾：

朱永新

＃走读新教育＃今天凌晨2点赶到宜宾，上午8点半在宜宾翠屏区为校长教师讲新教育。我把今年的最后一场讲座安排在宜宾，是一直想表达对飓风大姐（郭明晓老师）的敬意。这位在退休前邂逅新教育，重新焕发青春的老师，她的向日葵班成为新教育网师的1号教室。宜宾有几十位老师在她的影响下走进了新教育。

我何德何能值得朱老师如此厚爱？唯有努力地践行新教育，努力地开出花来，才能表达对朱老师的感激之情。

所幸，朱老师登机后，就在机场，副区长给教育局副局长布置研究推进区域性开展新教育的工作事宜。在2014年中小学校（园）长寒假理论培训会上，教育局又请我从班级的层面讲新教育。我相信，朱老师在宜宾播种下的新教育的种子一定会开花结果，改变宜宾翠屏教育的面貌，让更多的孩子享受新教育。